Jörn Krimmling
Joachim Oelschlegel
Viktor Höschele

Technisches Gebäudemanagement

Instrumente zur Kostensenkung
in Unternehmen und Behörden

4. Auflage

Jörn Krimmling
Joachim Oelschlegel
Viktor Höschele

Technisches Gebäudemanagement

Instrumente zur Kostensenkung
in Unternehmen und Behörden

4. Auflage

Bibliografische Information Der Deutschen Bibliothek

Die Deutsche Bibliothek verzeichnet diese Publikation
in der Deutschen Nationalbibliografie;
detaillierte bibliografische Daten sind im Internet über
http://www.dnb.de abrufbar.

Bibliographic Information published by Die Deutsche Bibliothek

Die Deutsche Bibliothek lists this publication
in the Deutsche Nationalbibliografie;
detailed bibliographic data are available on the internet at
http://www.dnb.de

Onlinematerial verfügbar unter:
files.verlag.expert/9783816932406

ISBN 978-3-8169-3240-6

4. Auflage 2014
3., erweiterte Auflage 2008
2. Auflage 2005
1. Auflage 2002

Bei der Erstellung des Buches wurde mit großer Sorgfalt vorgegangen; trotzdem lassen sich Fehler
nie vollständig ausschließen. Verlag und Autoren können für fehlerhafte Angaben und deren Folgen
weder eine juristische Verantwortung noch irgendeine Haftung übernehmen.
Für Verbesserungsvorschläge und Hinweise auf Fehler sind Verlag und Autoren dankbar.

© 2002 by expert verlag, Wankelstr. 13, D-71272 Renningen
Tel.: +49 (0) 71 59-92 65-0, Fax: +49 (0) 71 59-92 65-20
E-Mail: expert@expertverlag.de, Internet: www.expertverlag.de
Alle Rechte vorbehalten
Printed in Germany

Das Werk einschließlich aller seiner Teile ist urheberrechtlich geschützt. Jede Verwertung außerhalb
der engen Grenzen des Urheberrechtsgesetzes ist ohne Zustimmung des Verlags unzulässig und
strafbar. Dies gilt insbesondere für Vervielfältigungen, Übersetzungen, Mikroverfilmungen und die
Einspeicherung und Verarbeitung in elektronischen Systemen.

Vorwort

Technisches Gebäudemanagement (TGM) ist eine integrale Komponente von Facility Management (FM).

Zunächst stellt sich die Frage: Was ist eigentlich das Besondere an Facility Management? Die Mehrzahl der im FM zu erbringenden Leistungen sind schon seit jeher Bestandteile der Bewirtschaftungskonzepte von Immobilien. So mussten und müssen Gebäude gereinigt werden, technische Anlagen bedient und gewartet werden. Aber auch Angebote wie Catering, Kopierdienste u.a. sind seit langem etablierte Dienstleistungen.

Also kann man Facility Management weniger über den Inhalt der zu erbringenden Leistungen, sondern vielmehr als besondere Methode definieren. Nicht das *Was ist zu tun*, sondern das *Wie*, charakterisiert das Besondere, das Neue an FM. Entscheidend ist, mit welcher übergreifenden Zielstellung und nach welchen Strategien die Leistungen im FM erbracht werden sollen.

Deshalb steht im Zentrum dieses Buches das methodische Vorgehen bei der Planung, Einführung und Durchführung von Technischem Gebäudemanagement. Es wird detailliert gezeigt, auf welchem Wege die Kosten des Gebäudebetriebes dauerhaft gesenkt werden können. Nicht Einzelmaßnahmen, sondern systematische und mit strategischem Weitblick entworfene Konzepte und Handlungsanweisungen werden beschrieben. Im Mittelpunkt der Darstellung stehen konkrete Beispiele aus der täglichen Arbeit der Verfasser.

Das Buch ist als Leitfaden für den Facility Manager gedacht und soll vor allem Denkanstöße bei der effektiven Bewältigung der täglichen Aufgaben vermitteln.

Die Informationstechnologie (IT) hat als integrales Arbeitsmittel eine zentrale Funktion. Die Autoren sind der Meinung, dass eine bestimmte Qualität im FM erst durch den gut durchdachten und vor allem effektiven Einsatz der IT erreichbar ist. In diesem Sinne werden theoretische Grundlagen zum Entwurf und zum Einsatz von Software diskutiert und in praktische Lösungsansätze überführt. Dabei wird Software immer nur als Teil einer Gesamtstrategie verstanden und der verbreiteten Auffassung entgegengetreten, dass FM identisch mit der Einführung von CAFM ist.

Dieses Buch ist für eine breite Leserschaft geschrieben, und zwar von Praktikern für *Praktiker*. Vor allem Entscheidungsträger und Berater in den Bereichen Gebäudeerrichtung und Gebäudebewirtschaftung bei der Öffentlichen Hand und in Unternehmen finden hier Hilfe und Anregungen für wichtige strategische und operative Entscheidungen.

Das Buch wendet sich an

- Facility Manager,
- Verwaltungsleiter in Unternehmen und Institutionen,
- Verantwortliche für Technik und/oder Flächen von Liegenschaften und Immobilien,
- Verantwortliche für Wartung und -Instandhaltung in den Bereichen Produktion und Service,
- Verantwortliche für das Energiemanagement,
- Bauherren und Betreiber, die sich für die Einführung bzw. Qualifizierung von Facility Management interessieren,
- Architekten, Bauingenieure, Fachplaner, Projektsteuerer,
- Unternehmensberater und
- Studenten entsprechender Fachrichtungen.

Die Autoren verstehen dieses Buch als weiteren Anstoß der FM-Diskussion. Der Impuls soll vor allem in Richtung einer dringend erforderlichen FM-*Methoden*-Diskus-sion gehen.

Der interessierte Leser kann sich an Hand der beiliegenden CD mit verschiedenen FM-Prozessen und deren Unterstützung durch das CAFM-System pit-FM vertraut machen. Die Version 2.2 ist ab dem Betriebssystem Windows 98 lauffähig. Die Installation des Programms ist selbsterklärend und danach bis 30 Tage lauffähig.

Jörn Krimmling
Joachim Oelschlegel
Viktor Höschele

Inhaltsverzeichnis

1	**Facility Management und Technisches Gebäudemanagement**	**1**
1.1	Facility Management (FM)	1
1.2	Ziele des FM	4
1.3	Informationstechnologie (IT) als Arbeitsmittel für FM	9
1.3.1	Unterschiede zwischen IT-Systemen und IT-Lösungen	9
1.3.2	Einordnung der IT im FM-Prozess	10
1.3.3	Kosten und Nutzen der IT	13
1.3.4	Datengrundlagen für das FM	14
1.3.5	Entwicklungstendenzen	15
2	**Der Facility Manager und seine Aufgaben**	**17**
2.1	Stellung und Aufgaben des Facility Managers im Gesamtprozess	17
2.2	Arbeitsmittel	19
2.3	Verantwortlichkeiten	20
2.4	Anforderungen an Qualifikation und Sozialkompetenz	20
3	**Methodische Aspekte**	**23**
3.1	Die Methode des Technischen Gebäudemanagements	23
3.2	Strategische Ebene	24
3.2.1	Planen mit Weitblick	24
3.2.2	Die technischen Gesamtkosten	29
3.2.2.1	Kapitalgebundene Kosten K_A	30
3.2.2.2	Verbrauchsgebundene Kosten K_B	30
3.2.2.3	Betriebsgebundene Kosten K_C	30
3.2.2.4	Sonstige Kosten K_D	31
3.2.3	Betriebswirtschaftliche Bewertung von Varianten	31
3.2.4	Kostensenkungsansatz des TGM	32
3.3	Operative Ebene	35
3.3.1	Facility Managementprozesse	35
3.3.2	Betreiberkonzepte	38
3.3.2.1	Interne Bewirtschaftung	39
3.3.2.2	Auslagerung in ein Tochterunternehmen	40
3.3.2.3	Outsourcing	41
3.4	Umsetzung mit Hilfe der Informationstechnologie	42
3.4.1	Thesen zur Einführung eines IT-Systems in einem Unternehmen	42
3.4.2	Planung des Einsatzes von IT-Systemen	44
3.4.2.1	Organisation und Verantwortlichkeiten	44

3.4.2.2	Lastenheft und Pflichtenheft	45
3.4.3	Erfahrungen bei Einführungsprojekten	46
4	**Gestaltung von Gebäuden und Anlagentechnik**	**50**
4.1	Komfort und Behaglichkeit	50
4.2	Einheit von Baukörper und Technik	57
4.3	Gestaltung von Gebäudetechnik	59
5	**Optimales Betreiben von Gebäuden und Anlagentechnik**	**66**
5.1	Energieeinsparung bei Gebäuden	66
5.2	Anlagenoptimierung	69
5.3	Betreibercontrolling	72
5.3.1	Einführung	72
5.3.2	Energiecontrolling	74
5.3.3	Verbrauchserfassung	76
5.3.3.1	Allgemeines	76
5.3.3.2	Hardwaresysteme für die Fernauslesung von Zählern	78
5.3.4	Benchmarking	78
5.3.5	Ausgewählte Controlling-Berichte aus einer CAFM-Lösung	80
6	**Service- und Einkaufsmanagement**	**82**
6.1	Keine Technik ohne Management	82
6.2	Einkauf von Lieferungen und Leistungen	82
6.3	Zielorientiertes Wartungs- und Instandhaltungsmanagement	84
6.3.1	Ausgangssituation	84
6.3.2	Instandhaltungsstrategien	85
6.3.3	Ermittlung notwendiger Wartungs- und Instandhaltungsleistungen	85
6.3.4	Gestaltung von Anlagen hinsichtlich Zugänglichkeit/Bedienbarkeit	86
6.3.5	Spezifizierung von Wartungs- und Instandhaltungsleistungen	87
6.3.6	Organisation der Leistungsdurchführung	88
6.4	Vertragsmanagement	91
6.5	Management von Betreiberpflichten	92
7	**Informationsmanagement und IT-Konzepte**	**94**
7.1	Grundlagen von IT-Systemen und Konsequenzen für IT-Lösungen	94
7.1.1	Elementarbausteine eines IT-Systems	94
7.1.2	Begriffsbildung an einem einfachen Beispiel	98
7.1.3	Datenmodell einer Softwarelösung	102
7.1.4	Objekt- und Metainformation	107
7.1.5	Prozess-, Funktions- und Darstellungsmodell	109
7.1.6	Schlussfolgerungen	112
7.2	Besonderheiten von CAFM-Systemen	113
7.2.1	Anforderungen	113
7.2.2	System und Nutzer	116

7.2.3	System und Prozesse	117
7.3	Darstellung eines CAFM-Systems	118
7.3.1	Das CAFM-System	118
7.3.1.1	Systemhintergrund	118
7.3.1.2	Oberfläche und Basisfunktionen	119
7.3.2	Anwendungsbeispiele	120
7.3.2.1	Datenmodelle	120
7.3.2.2	Verantwortlichkeiten und Rollen	120
7.3.2.3	FM-Verwaltungsaufgaben	122
7.3.2.4	FM-Prozesse	132
7.3.2.5	Datenerfassung	144

Abbildungsverzeichnis 146

Literaturverzeichnis 149

Stichwortverzeichnis 151

Die Autoren 153

1 Facility Management und Technisches Gebäudemanagement

1.1 Facility Management (FM)

Technisches Gebäudemanagement ist ein Bestandteil von Facility Management und kann deshalb nur in diesem Zusammenhang beschrieben werden.

Analysiert man die verschiedenen, in der Literatur umfänglich zitierten Definitionen des Facility Managements (z.B.[SCHULTE, 2000], [NÄVY, 2000]) im Einzelnen, kristallisieren sich bei allen Autoren folgende, hier stichwortartig formulierte Aspekte heraus:

- effiziente Betriebsführung,
- ganzheitlicher strategischer Rahmen,
- Betrachtung, Analyse und Optimierung aller kostenrelevanten Vorgänge rund um ein Gebäude und die
- Gesamtheit aller Leistungen zur optimalen Nutzung der betrieblichen Infrastruktur.

Management umfasst Organisation und Controlling von Prozessen nach vorgegebenen oder selbst bestimmten Zielen. Insbesondere müssen dabei die handelnden Personen hinsichtlich des Erreichens der Prozessziele motiviert werden.

Zusammenfassend definieren wir Facility Management wie folgt:

> **FM ist eine umfassende Managementmethode für die effiziente Bereitstellung von Gebäuden, Infrastruktur und Dienstleistungen auf der Basis einer ganzheitlichen Strategie und konkreter Zielstellungen.**

Unter Facilities verstehen wir demzufolge

- Immobilien (Gebäude und zugehörige Außenflächen),
- Infrastruktur (Energie-, Ver- und Entsorgungstechnik, Logistik) und
- Dienstleistungen.

Diese Facilities werden

- auf den verschiedenen organisatorischen Ebenen,
- im Zusammenhang mit den unterschiedlichen Geschäftsprozessen und
- mit und durch die verschiedenen beteiligten Personen (Berater, Facility Manager, Dienstleister und andere)

in Geschäftsprozessen abgebildet. In diesem Sinne verstehen wir Facilities als Objekte, welche als

- Informationen und
- in komplexen Zusammenhängen als Wissen

in Managementprozessen umfassend nutzbar sind.

Facility Management gliedert sich in zwei Hauptebenen:

- die strategische Ebene und
- die operative Ebene

Der *strategische* Entscheidungshorizont ist langfristig und orientiert sich am gesamten Lebenszyklus des Gebäudes (der Facilities). Ausgangspunkt sind strategische Zielstellungen

- des Unternehmens bzw.
- des jeweiligen Immobilienmanagements (Corporate Real Estate Management CREM).

Die strategische Ebene des FM umfasst dabei im Einzelnen folgende Komponenten:

- Planung und Errichtung von Gebäuden bzw. Facilities als Voraussetzung für erfolgreiches FM und
- Gestaltung des FM-Prozesses selbst.

Für die Gestaltung des FM-Prozesses sind folgende Fragestellungen wichtig:

- Welche Zielvorgaben hat das FM im konkreten Fall?
- Outsourcing ja/ nein bzw. in welchem Umfang?
- Einordnung interner FM-Abteilungen?
- Erarbeitung und Strukturierung der wichtigsten FM-Prozesse führt zu Varianten und damit – welche Einführungsstrategie ist effektiv?
- In welcher Tiefe sollen die Ablaufprozesse automatisiert werden?

Zum strategischen Bereich des FM gehört auch ein umfassendes Informations- und Wissensmanagement, das die Aufgabe hat, alle notwendigen Informationen während des FM-Prozesses zu sammeln und zu systematisieren, damit alle Prozessbeteiligten darauf zugreifen können. Demzufolge ist die Konzeption eines umfassenden Gebäudeinformationssystems als eine Kernkomponente des FM-Gesamtprozesses eine wichtige Entscheidungsaufgabe (siehe dazu weiter unten den Abschnitt 1.3).

Die *operative* Ebene des FM betrifft die „Tagesaufgaben" im FM und wird im folgenden als Gebäudemanagement bezeichnet. Es umfasst folgende Komponenten:

- Organisation und Umsetzung von FM-Prozessen,
- Mitarbeiterführung und -motivation,
- Controlling/ Benchmarking,
- Kostenzuordnung,
- Dokumentation,
- Qualitätsmanagement und
- Marketing.

Auch beste strategische Voraussetzungen für die Immobilienbewirtschaftung, wie FM-gerechte Planung und Realisierung des Gebäudes, Einsatz von entsprechender Hard- und Software garantieren nicht allein die hohe Qualität der Dienstleistungen im Objekt. Für die während der Gebäudenutzung anstehenden laufenden Aufgaben ist ein Team von erfahrenen und engagierten Mitarbeitern erforderlich, das diese mit Hilfe eines gut durchdachten FM-Methodensystems in höherwertige FM-Lösungen umsetzt.

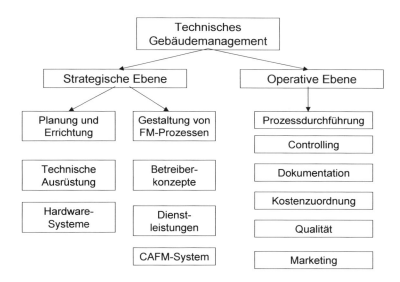

Abb. 1-1: Die strategische und die operative Ebene von FM

1.2 Ziele des FM

Im Mittelpunkt des FM stehen Immobilien bzw. Gebäude und alle zu deren Betrieb bzw. optimalen Nutzung notwendigen Dienstleistungen. Aus unternehmerischer Sicht sind zwei Kategorien entscheidend:

- die Gebäudenutzung als der eigentliche Produktionsfaktor und
- die Kosten, welche in ihrer Gesamtheit bei der Bereitstellung der Nutzungsfunktionen anfallen.

Die konkreten Ziele für das FM (d.h. für das jeweilige Immobilienobjekt) werden aus dem übergeordneten Immobilienmanagement des Unternehmens (CREM[1]) abgeleitet. Das FM gibt für die operative Ebene, d.h. das Gebäudemanagement, die Ziele für das „Tagesgeschäft" vor.

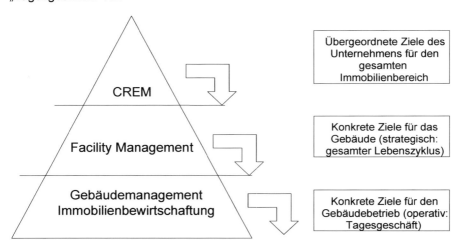

Abb. 1-2: Zieltransformation CREM – FM – GM

Das Gebäude selbst in seiner materialisierten Form bildet die Voraussetzung für die Nutzung. Der eigentliche Wert für den unternehmerischen Prozess ergibt sich erst aus der Kombination mit entsprechenden Dienstleistungen[2].

---

[1] Corporate Real Estate Management

[2] Zukunftsorientierte FM-Konzepte befassen sich nicht nur mit den klassischen Baunutzungskosten (DIN 18960), da für moderne Gebäude zusätzliche Dienstleistungen für Nutzer/Mitarbeiter erforderlich sind (z.B. Einkaufsmöglichkeiten, Cafeteria, Fitness u.a.m.).

An die Errichtung oder Modernisierung und den Betrieb von Gebäuden sind zwei Kategorien von Interessen geknüpft:

- Individualinteressen und
- Allgemeininteressen.

Individualinteressen

Am Prozess der Errichtung (Modernisierung/ Umbau), Nutzung und Rückbau sind i.d.R. beteiligt:

- Bauherr/ Gebäudeeigentümer,
- Investor,
- Nutzer,
- Architekten und Ingenieure,
- Bauunternehmungen,
- Gebäudemanager,
- Behörden und
- sonstige Dienstleister.

Diese Beteiligten verfolgen in Abhängigkeit von ihrer Stellung in diesem Prozess folgende Interessen im Zusammenhang mit dem jeweiligen Gebäude:

- funktionale Interessen, d.h. z.B. Interesse an angenehmen und zweckentsprechendem Aufenthalt (Wohnen, Voraussetzung für Arbeitsprozesse, Treffpunkte Freizeitbeschäftigung, Heilung, Erholung u.ä.),
- wirtschaftliche Interessen (Erwirtschaftung von Gewinn, Erhaltung und Mehrung von Kapital) und
- Imageinteressen (nach außen: Präsentation der Unternehmensstärke, der Entwicklungsergebnisse, nach innen: Attraktivität des Unternehmens für die Mitarbeiter).

Allgemeininteressen

Auch die Allgemeinheit bzw. die Gesellschaft hat konkrete Interessen an diesem Prozess:

- Qualität der Städte- und Landschaftsgestaltung,
- Volkswirtschaftliche Interessen (Beitrag zum Bruttosozialprodukt der wirtschaftlich Beteiligten),
- Interesse am sparsamen Umgang mit Ressourcen insbesondere mit Energie,
- Vermeidung gesundheitlicher Beeinträchtigung von Gebäudenutzern (Sick-Building-Syndrom) und

- Vermeidung schädlicher Umwelteinwirkungen durch Gebäude (Emissionen, Abfall, recyclebare Baustoffe).

Die Allgemeininteressen können treffend unter der Forderung nach Nachhaltigkeit zusammengefasst werden, welche bekanntermaßen drei Komponenten hat:[3]

- ökologische Komponente,
- wirtschaftliche Komponente und
- soziale Komponente.

Ausgehend von den tiefgreifenden gesellschaftlichen Wandlungsprozessen zur Informations- bzw. Kommunikationsgesellschaft ändern sich Individual- und Allgemeininteressen. Damit verändern sich entscheidend auch die Anforderungen an die Gestaltung von Gebäuden und nicht zuletzt der Prozess des Bauens selbst.

Aufgrund revolutionär entwickelter Informations- und Kommunikationsmöglichkeiten, wie :

- Internet: neue Kommunikationsformen
    - Video-Konferenzen
    - E-Mail, SMS
    - Bewegtbildübertragung

  neue Informationstechnologien
    - Internetrecherche, anderer Umgang mit Informationen (nicht mehr sammeln, sondern selektieren, beschränken)
- Virtualität: virtuelle Unternehmen
    - fraktale Fabrik
- E-Business: Wandel der Kaufkultur
    - Online-Banking
    - Internet-Einkauf

ändert sich vor allem der Charakter von Arbeitsprozessen. Beispiele dafür sind

- weltweite, computergestützte Teamarbeit,
- Teleworking,
- Bildung virtueller Unternehmen sowie
- Verknüpfung virtueller Komponenten mit realer Welt (z.B. virtuelle Planung mit realer Fertigung, siehe Automobilindustrie).

---

[3] Siehe auch gültige Energieeinsparverordnung EnEV 2007/2008, in welcher sowohl Maßnahmen des baulichen Wärmeschutzes als auch gleichberechtigt energieeffiziente Anlagentechnik gefordert werden.

Schulte fasst dies treffend zusammen und schreibt: „Der Wandel zur Informationsgesellschaft führt dazu, dass aus dem unverwechselbaren persönlichen Arbeitsplatz an einem festen geografisch zu identifizierendem Punkt ein nicht mehr statisch zu lokalisierender Arbeitsplatz innerhalb eines Informationsorbits irgendwo auf der Erdoberfläche wird." [SCHULTE, 2000]

Die Frage, wodurch moderne Gebäude gekennzeichnet sind, führt auf folgende Entscheidungskriterien:

- Funktionalität einschließlich Nutzungsflexibilität,
- bestmögliche Behaglichkeit für Menschen in Gebäuden,
- Nachhaltigkeit und
- Ästhetik.

Insbesondere die nutzungsbezogene Flexibilität, d.h. die Fähigkeit eines Gebäudes, schnell und kostengünstig an eine veränderte Nutzung angepasst zu werden, wird zu einem wichtigen Anforderungskriterium. Das bedeutet keineswegs, dass der Zeithorizont, für welchen Gebäude gebaut werden, der in einer Größenordnung von 50 Jahren und mehr liegt, verkürzt werden soll. Dies verbietet sich schon aus Gründen der Ressourcenrentabilität bzw. der notwendigen Nachhaltigkeit. Die Lösung kann nur darin bestehen, nicht mehr ein Gebäude für nur *eine* Nutzung zu konzipieren, sondern im Verlaufe des Lebenszyklus mehrere Nutzungsarten (auch noch nicht bekannte) als mögliche Option zuzulassen.

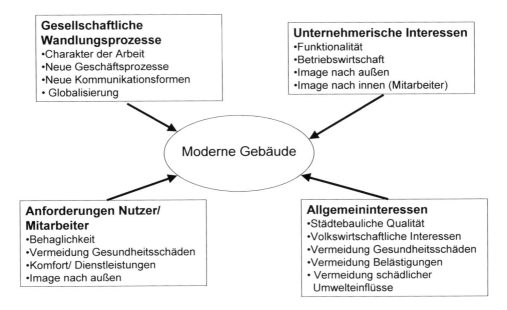

Abb. 1-3: Einflussparameter auf die Gestaltung moderner Gebäude

Aus diesen Anforderungen ergibt sich die Zielstellung für die strategische Komponente des FM.

Die betriebswirtschaftliche Vorgabe für das FM besteht darin, die Gesamtheit der Kosten über den Lebenszyklus des Gebäudes zu *optimieren*. Diese Gesamtkosten setzen sich wie folgt zusammen:

- Errichtungskosten, d.h. alle erforderlichen Kosten für den Neubau und Modernisierungen (i.d.R. strukturiert nach DIN 276) bzw. Kosten für den Rückbau,
- Baunutzungskosten (i.d.R. strukturiert nach DIN 18960 bzw. im technischen Bereich nach VDI 2067) und
- Kosten für weitere infrastrukturelle Dienstleistungen.

Bekanntermaßen übertrifft die Summe von Baunutzungs- und Dienstleistungskosten über den gesamten Lebenszyklus gesehen die Errichtungskosten um ein Vielfaches. Andererseits ist die Beeinflussbarkeit gerade dieser Kosten in der Phase der Planung und Errichtung am größten. Hieraus ergibt sich die Anforderung, dass sich FM nicht nur auf die Nutzungsphase beschränken kann, sondern dass strategische Weichenstellungen für das FM bereits bei der Gestaltung von Gebäude und Technik erfolgen müssen.

Bewusst wurde als Ziel eine *Optimierung* der Kosten genannt, da einerseits die Kostenbetrachtung im gesamtunternehmerischen Kontext zu sehen ist und andererseits die Höhe der Kosten vom Level der Nutzungsqualität abhängt.

Aus unternehmerischer Sicht macht es durchaus Sinn, höhere Lebenszykluskosten in Kauf zu nehmen, wenn dadurch an anderer Stelle ein zusätzlicher Ertrag erwirtschaftet werden kann. Dafür gäbe es viele Beispiele.

- Für ein Wohnungsunternehmen kann es z.B. Sinn machen, die Attraktivität eines Quartiers durch exklusive Architektur in Verbindung mit einem innovativen und ökologisch sinnvollen Nahwärmekonzept zu steigern. Die zwangsläufig anfallenden Mehrkosten gegenüber einer herkömmlichen Variante könnten sich aufgrund einer besseren Vermietbarkeit und/oder höherer Kaltmieten amortisieren.
- Oder ein Unternehmen der IT-Branche setzt auf eine exklusive Gebäudegestaltung seiner neu zu errichtenden Firmenzentrale und erhofft sich dadurch eine höhere Produktivität seiner Mitarbeiter bzw. will generell für die besten Fachkräfte am Markt seine Attraktivität als Arbeitgeber erhöhen. Auch hier können höhere Erträge im Kerngeschäft durchaus höhere Immobilienkosten rechtfertigen, allerdings zeigt sich gerade bei diesem Beispiel die Schwierigkeit einer monetären Bewertung.

1.3 Informationstechnologie (IT) als Arbeitsmittel für FM

1.3.1 Unterschiede zwischen IT-Systemen und IT-Lösungen

Informationstechnologische-Systeme (IT-Systeme) sind immer Hilfs- oder Arbeitsmittel für FM-Prozesse. Sie sind die Basis des Informationsmanagements und damit eine der wesentlichen Voraussetzungen für einen effizienten und gut durchdachten Ablauf von Dienstleistungsprozessen.

Wir möchten an dieser Stelle einige Fachtermini (Begriffe) erläutern, die für das Buch eine grundlegende Bedeutung haben.

Ein IT-System[4] ist die Einheit von Hardware, Software und Orgware[5] (s. Kap.7.2.1). IT-Systeme werden über einen Entwurfs-, Planungs-, Einführungs- und Nutzungsprozess zu IT-Lösungen. IT-Lösungen integrieren damit prinzipiell den Nutzer des Systems, dessen konkrete Geschäftsprozesse und Nutzerrollen (Tätigkeitsprofile), die Hard- und Software sowie vorhandene oder erzeugte Daten.

Sinnbildlich liefern Systeme das „Knochengerüst", die Struktur. Lösungen erzeugen das „Fleisch", den Inhalt.

In diesem Sinne ist der gebräuchliche Begriff Computer Aided Facility Management (CAFM) ein IT-System, das im Kern ein CAFM-Software enthält. Nutzen kann die Software erst durch eine CAFM-Lösung als Bestandteil eines FM-Gesamtkonzeptes schaffen. Dieser Umstand wird häufig besonders auf der Managementebene übersehen.

Daraus ergibt sich:

a) Software kann man als Produkt[6] kaufen,

b) eine Lösung[7] für sein Problem kann in der Regel nur in einem fortwährenden Prozess erarbeitet werden.

---

[4] Obwohl IT und EDV aus unserer Sicht Entwicklungsstufen darstellen, wollen wir uns aus Platzgründen der verbreiten synonymen Verwendung von IT und EDV anschließen

[5] Unter Orgware verstehen wir die Abbildung von Rahmenbedingungen für den IT-Einsatz, dargestellt in Organisationsstrukturen, Datengrundlagen, Vorschriften, inklusive aller Unterlagen und Methoden, damit Hard- und Software effizient genutzt werden kann.

[6] Produkte werden nach einem 1:n Modell (1 Produkt zu n Nutzern) in der Regel direkt vom Entwickler zum Endkunden vertrieben.

[7] Lösungen erfordern ein 1:1 Modell. Nach unserer Erfahrung schafft bei diesem Modell der indirekte Vertrieb über Systemhäuser die größte Investitionssicherheit für den Endkunden. Der Entwickler konzentriert sich auf die Produktentwicklung, der Lösungsanbieter auf die Modellierung und Soft- und Hardwareanpassung des Geschäftsprozesses.

Der Fall a) wird nachfolgend mit den Worten „IT-Produkt", „Programm", „Softwareprodukt" oder nur „Software„ bezeichnet. Der Fall b) wird mit den Worten „IT-Lösung[8]„, „Applikation", „Anwendung" oder nur „Lösung„ zum Ausdruck gebracht.

Dies Unterscheidung ergibt sich konsequenterweise auch aus der Funktion der IT für FM: IT ist Hilfsmittel für die Bewältigung der FM-Aufgaben eines Unternehmens. Hilfsmittel passen sich in der Regel den Prozessen an und nicht die Prozesse den Hilfsmitteln. Dieser Anpassungsprozess führt in unserem Sprachgebrauch zur Lösung. Es ist eine glückliche Ausnahme, wenn sich komplexe Prozesse dem Hilfsmittel anpassen lassen.

Unsere Erfahrung besagt, dass häufig bei der Einkaufsplanung für CAFM-Lösungen nur die Preise der Software-Produkte berücksichtigt werden, nicht aber die Aufwendungen bis zur Lösung. Dadurch entsteht der verbreitete Eindruck, dass die EDV ein Fass ohne Boden ist. Wenn dieser Eindruck im Management vorhanden ist, dann ist dies ein Indiz dafür, dass nicht an eine umfassende Lösung, sondern eben nur an ein Softwareprodukt gedacht wurde.

Jedes Fachgebiet hat Termini, die nur der Spezialist des Gebietes, interpretieren kann. Als Fachtermini werden häufig Worte benutzt, die auch ein Nichtspezialist verwendet – jedoch mit völlig anderem Inhalt. Ein Beispiel ist der Begriff „Objekt„, bei dem jeder etwas Unterschiedliches versteht:

- der FMr z.B. einen realen Gegenstand (Gebäude, Anlagen, Geräte usw.),
- der IT-Spezialist eine Abbildung der Realität (eine Datenstruktur, einen algorithmischen Prozess und dessen Ergebnis usw.)

Umso wichtiger ist es, bei gemeinsamer Arbeit die Begriffe abzustimmen und im Zweifelsfall Worte auszutauschen, weil sie mehrdeutig sind. Entgegen der verbreiteten Ansicht ist dies besonders bei umgangssprachlich belegten Begriffen notwendig. Beispiele sind Termini wie Objekt[9], Projekt, Termin, Ereignis. Die Differenzen werden meist sehr spät erkannt und die Konsequenzen für den Softwareeinsatz können erheblich sein (näheres zur Rolle der Fachbegriffe s. Kap. 7.1.1).

1.3.2 Einordnung der IT im FM-Prozess

FM-Prozesse erfordern einen komplexen Einsatz der IT, der nicht allein durch CAFM umsetzbar ist. Diese Strategie bezeichnen wir als Facility Computing[10] (FC). Wir verstehen unter FC eine umfassende Informations- und Kommunikationsstrategie im FM,

---

[8] Es hat sich bewährt, die IT-Lösung nicht nach dem Namen des Produktes zu benennen. Mit einem treffenden Namen ist auch gleich der Schwerpunkt der Lösung darstellbar. So hat man z.B. eine Lösung – mit dem CAFM-System „pit-FM„ – „TBS -Technisches Betriebsinformationssystem" nach der Zielstellung benannt.

[9] Auch wir benutzen den Objektbegriff mehrdeutig, da sich die Bedeutung aus dem Kontext der Erläuterungen erschließen lässt

[10] Der Begriff „Facility Computing„ wurde auf der INFO 2000 geprägt [INFO, 2000].

die über die Methode des Computer Aided Facility Managements (CAFM) hinausreicht. FC ist eine Strategie, die langfristig die Daten- und Prozessintegration beabsichtigt und auf die Kommunikation der verschiedensten IT-Lösungen in einem Unternehmen zielt.

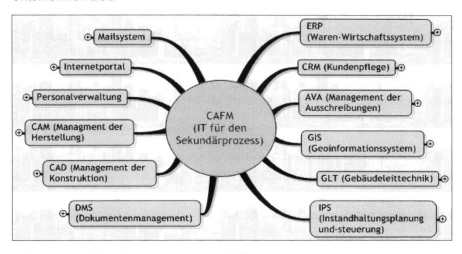

Abb. 1-4: mögliche Schnittstellen von CAFM

CAFM bildet den Prozess des Gebäudemanagements (operative Phase des FM) ab. Insbesondere geht es darum, die Vielzahl an Informationen und konkretes, daraus abgeleitetes Wissen bzw. Erfahrungen von der ersten Konzeptionsphase bis hin zur Phase des Gebäudemanagements systematisch zu erfassen, zu strukturieren und so aufbereitet, für spätere Phasen des FM-Prozesses bereit zu halten bzw. für andere Projekte nutzbar zu machen. Aus diesem Grunde ist es erforderlich, sich schon in einer sehr frühen Lebenszyklusphase, quasi wenn das Gebäude nur als erste skizzenhafte Idee beispielsweise in Geschäftsplänen des Unternehmens existiert, Gedanken über das Informations-, Dokumenten[11]- und Wissensmanagement[12] zu machen.

Nach der derzeitigen Auffassung vieler Autoren setzt die Informationsverarbeitung erst mit Beginn des Gebäudemanagements, also mit der operativen Phase des FM ein. Es wird darüber hinaus auch bezweifelt, ob die im Planungs- und Bauprozess angefallenen Daten und Informationen überhaupt für das Gebäudemanagement verwendbar sind. Diesen Auffassungen soll hier entschieden widersprochen werden, selbst wenn klar ist, dass traditionelle Abläufe beim Planen und Bauen die Basis für solche Herangehensweisen sind.

---

[11] Dokumente verstehen wir als „geronnene" Information, die als Datei in den Informationsprozess eingeht oder als Datei im Ergebnis des Informationsprozesses entsteht.

[12] Eine sehr gelungene Darstellung der Rolle des Wissens ist in [KM, 1998] enthalten.

Die während der Planungs- und Bauphase erarbeiteten Pläne, obwohl sie nicht mit dem gebauten Objekt übereinstimmen, enthalten wertvolle Informationen (CAD kann Flächenpolygone, Objektbezeichnungen, Raumstempel u.a. als Basisdaten liefern). Aus Informationen über bestimmte während der Planung bzw. während des Bauens angefallene Zwischenergebnisse lässt sich für andere Bauvorhaben wertvolles Wissen ableiten. Aus diesem Grunde wird hier eine Strategie vorgeschlagen, die auf eine systematische Herausarbeitung des während des Planungs- und Bauprozesses entstandenen Wissens (was qualitativ etwas völlig Höherwertiges als Informationen darstellt) abzielt.

Die Grundlage bilden raumbuchorientierte Datenbanken. In der Regel arbeitet der Architekt neben seinen Plänen mit Raumbüchern, d.h. jedem Raum des Gebäudes werden ausgehend von konkreten Anforderungen bestimmte bauliche Eigenschaften sowie technische und bauliche Ausstattungen zugeteilt. Die geplanten Baukosten in den einzelnen Phasen ergeben sich dann als Summe über alle Einzelräume. Mit Fortschreiten des Planungsprozesses werden dann lediglich die einzelnen Ausführungsdetails konkretisiert. Die ursprüngliche Struktur bleibt meistens trotz Änderungen erhalten. Auf Basis marktüblicher CAFM-Software, mit deren Hilfe sich ein Gebäudeinformationssystem für das Gebäudemanagement aufbauen lässt, werden ebenfalls Raumbuchstrukturen abgebildet.

Die digitale Datenhaltung drängt eine durchgehende, raumbuchorientierte Informationsstrategie gerade zu auf und es wäre in vielen Fällen sinnvoll, zu Beginn der Nutzungsphase die seinerzeit bei der Planung zugrunde gelegten Planungsdaten für Baunutzungskosten als erste Orientierung zu kennen. Außerdem kann bereits während der Planung die Auswirkung bestimmter konstruktiver Details auf den späteren Nutzungsprozess abgeschätzt werden.

Eine Facility-Computing-Strategie lässt sich so strukturieren:

- Formulierung von Zielen für den gesamten Lebenszyklus des Gebäudes, d.h. konkret Aufstellen von Budgets für Gebäudenutzungs- und Dienstleistungskosten.
- Aufbau eines Gebäudeinformationssystems schon während der frühen Gebäudekonzeptionsphase. Allein dadurch erfolgt die Einführung einer CAFM-Lösung viel zielorientierter, weil man nur die Daten erfassen wird, die zur Beurteilung der Planung notwendig sind. Kommen später neue Anforderungen hinzu, kann auch die Datenerfassung erweitert werden.
- Strikte raumbuchorientierte Dokumentation aller Konzeptions- und Planungsschritte; dadurch werden die Auswirkungen von Änderungen auf die spätere Nutzung sofort deutlich, was natürlich auch Anforderungen an die Leistungsfähigkeit der Software stellt.
- Orientierung am Kunden (CRM[13]), der als Nutzer gehegt und gepflegt werden muss, damit das Gebäude (Immobilie, Liegenschaft usw.) seinen Zweck optimal erfüllen kann.

---

[13] CRM Costumer Relationship Management

- FM-gerechte Revisionsunterlagen, d.h. diese Unterlagen müssen so aufgebaut sein, dass eine Kopplung zwischen CAD und Gebäudeinformationssystem konfliktfrei möglich ist.
- Aufbau und Pflege eines zielorientierten Datenbestandes, d.h. für das Gebäudemanagement werden nur die Informationen gesammelt, die zum Erreichen der übergeordneten Ziele des FM erforderlich sind.

Diese Forderungen haben erhebliche Konsequenzen an die Software, müssen doch die Daten auch in ihrem historischen Zusammenhang reproduzierbar sein. Die bedeutet nicht nur die Historie eines einzelnen Objektes sondern „auf Knopfdruck" den Stand zum Zeitpunkt x und dessen Veränderung zum Zeitpunkt x+N erkennen zu können.

Dies können bis heute nur ganz wenige Softwareprodukte leisten.

1.3.3 Kosten und Nutzen der IT

Dieses Thema ist so alt wie die EDV/IT selbst. Die Kosten kann man scheinbar schnell ermitteln. Scheinbar entsprechend deshalb, weil häufig nur an die Erst-Investitionskosten von Hard- und Software gedacht wird. Die Kosten der Orgware (s. 1.3.1) sind schon schwieriger zu ermitteln, weil es hier in der Regel um geistige Leistungen geht, die bekanntermaßen schwieriger zu kalkulieren und zu bewerten sind. Ebenso verhält es sich mit den Nachfolgekosten, die in der Regel durch Datenerfassungsaufwendungen definiert werden. Im Ergebnis einer Ausschreibung zu CAFM steht im Angebot eine Zahl, die dem Auftraggeber entsprechend seinem geplanten Budget zur Entscheidung vorliegt. Bewertet werden müsste diese Entscheidung anhand des Nutzens, der den Kosten gegenübersteht. Problematisch ist der quantitative Nachweis des Nutzens. Generell hat der Nutzen eine

- qualitative und eine
- quantitative Komponente[14],

wobei qualitativ hier lediglich für zum Zeitpunkt der Entscheidungsfindung noch nicht quantifizierbaren Nutzen steht. Ungeachtet dessen müssen die qualitativen Nutzenaspekte in die Entscheidungsfindung einbezogen werden.

Die qualitative Komponente kann sehr umfangreich und strukturiert dargestellt werden. Wir möchten dies hier auf nachfolgende Argumentationen reduzieren:

1. Langfristig kann sich kein Unternehmen durchgängigen elektronischen Geschäftsprozessen (GP) entziehen. Gerade Prozesse des TGM und der Vermietung erfordern Redundanz- und damit Fehlerarmut. Basis eines durchgängigen Geschäftsprozesses ist eine Datenbank, die die benötigen Daten liefert. Damit wird sichergestellt, dass Daten nur einmal erfasst, zentral gepflegt, entsprechend den Bedarfssituationen genutzt und Medienbrüche vermieden werden können (analog zu digital und von Datei zu Datei).

---

[14] Auf der Demo-CD des Buches kann der Leser eine Excel-Tabelle aufrufen, auf der in zwei Beispielgebieten zum FM (Störungs-, Wartungs- und Garantiemanagement) diese Faktoren ermittelt werden. Der Leser kann selbst mit den Zahlen arbeiten. Das Beispiel stammt aus einem größerem Unternehmen und beruht bei der Arbeitszeiteinsparung auf pessimistischen Schätzungen.

2. Das Qualitätsmanagement der technischen Geschäftsprozesse wird auf Basis einer Datenbank effektiv unterstützt (reproduzierbar, wer hat was, wann, warum und mit wem gemacht!) und schrittweise durchgängig gestaltet.

3. Bewältigung immer komplexer und dynamisch werdender FM-Prozesse mit dem bestehenden Personal und damit langfristig Einsparung von Arbeitsplätzen.

4. Durchführung der Prozesses unabhängig vom Know-how einzelner Personen. Bei Ausfall von Personen wird nicht der gesamte Prozess lahm gelegt.

5. FM-Prozesse können schnell und sicher gestaltet werden und die dazu notwendigen kommerziellen Prozesse werden halbautomatisch gekoppelt.

Weitere qualitative Faktoren werden in den Kapiteln 3, 4 und 6 dargestellt.

1.3.4 Datengrundlagen für das FM

FM-gerechte Revisionsunterlagen entscheiden über die Qualität der Informationsverarbeitung in der Nutzungsphase. Deshalb werden an CAD-Pläne folgende Anforderungen gestellt:

- Erfassung der Geometrie nach einer einheitlichen digitalen Zeichenvorschrift unter Berücksichtigung der zu verwaltenden Facilities und
- Erfassung der Facilities als Zeichnungsobjekte.

Mit dieser Struktur ist es dann möglich, teilautomatisiert Sachdaten der Facilities aus der Zeichnung in die Datenbank und umgekehrt zu übernehmen. In Anlehnung an das Standardleistungsbuch können Facilities als parametrisierte Symbolbibliotheken definiert werden[15]. In der heutigen Realität sieht sich der Facility Manager jedoch mit einer qualitativ sehr unterschiedlichen Bestandsdokumentation konfrontiert:

- unterschiedliche Medien,
- Papierpläne und Dokumentationen (Raumbuch, technische Dokumentationen auf Papier, Prüfprotokolle...),
- digitale Daten,
- Office-Dokumente (Stücklisten, technischen Dokumentationen, Verträge, Aufträge...) in verschiedenen Formaten (doc, xls, mdb...) und Versionen,
- DXF-Daten (Austauschdaten),
- CAD-Zeichnungen,
- andere digitale Datenformate,
- Datenredundanz (z.B. Architekten-Plan, Elt-Plan mit Grundriss, Heizungs-Plan mit Grundriss, Lüftungs-Plan mit Grundriss...) und darüber hinaus auch unterschiedliche Versionsstände,

---

[15] Hieraus leiten sich Aufgaben für die Normenarbeit der entsprechenden Fachverbände ab.

- unterschiedliche CAD-Formate (DXF V12, DXF V14, DXF V2002, DGN, DWG, PIC...),
- nicht einheitliche CAD-Strukturen, insbesondere Layer/Ebenen,
- verschiedene Objektdefinitionen (Linien, Bögen... oder Blöcke/Symbole) oder Objekte nach IFC (Wand, Tür, Fenster, Decke...) oder Proxy-Objekte,
- unterschiedliche Technologien (externe Referenzierung), was wird in einer Datei abgebildet (nur eine Ebene, nur Schnitt...).

Diese oft chaotische Vielfalt der vorhanden Bestandsdokumentation stellt sehr hohe Anforderungen an

- die Einsatzvorbereitung einer CAFM-Lösung bezüglich der Datenerfassungs- und -Migrationsstrategie,
- die Möglichkeiten des CAFM-Systems zur Datenerfassung und Pflege im Datenbank- und CAD-/Plan-Bereich,
- die Erarbeitung einer Nutzungsvorschrift der CAFM-Lösung und
- die Datenerfassung selbst, d.h. die Daten für das CAFM müssen meistens völlig neu erfasst werden.

Da die Kosten für Datenerfassung und -pflege ein Mehrfaches der Anschaffungskosten eines CAFM-Produktes betragen, kommt der Einführungsstrategie große Bedeutung zu. Insbesondere müssen klare Zielvorgaben CAFM-bezogen gemacht werden, um nicht irgendwelche Daten im System zu verwenden, sondern genau die, welche zum Erreichen der für das FM maßgeblichen Ziele erforderlich sind.

1.3.5 Entwicklungstendenzen

Man unterscheidet drei Generationen von CAFM-Systemen:

1. Generation: Verwaltung der Facilities als Sachdaten in Datenbanken ohne grafische Repräsentation
2. Generation: Verwaltung der Sachdaten und der CAD-Daten, letztere in separaten Dateien
3. Generation: Verwaltung der Sachdaten und der CAD-Daten in *einer* Datenbank.

Die dritte Generation von CAFM-Systemen ist durch den enormen Fortschritt der Datenbanktechnologie möglich geworden. Dieser Fortschritt führt zu einem erhöhten Anschaffungspreis und Konsequenzen vor allem beim Datenaustausch. Geometrie und Sachdaten werden nicht nur in einer Datenbank gemeinsam abgebildet, sondern auch mit Hilfe von Metadaten (Informationen über die Daten) beschrieben. Damit wird einerseits der Datenaustausch eindeutig, andererseits wächst der auszutauschende Datenumfang gigantisch. Die objektorientierte IT-Sicht sieht das Thema Facilities aus Sicht der IFC[16] (Industrie Foundation Classes) komplexer.

---

[16] Weltweite Standardisierungsvorschläge für IT-Objektbeschreibung im Bauwesen

Je nach Zielstellungen des FM-Prozesses kommt ein System der ersten, zweiten oder dritten Generation in Frage. Damit hat jede Generation ihre Berechtigung. Die Entscheidung über die Softwaregeneration hängt von vielen Faktoren ab; letztendlich von einem vertretbaren Verhältnis von Aufwand und Ergebnis.

Die oben skizzierte FC-Strategie muss um den Aspekt der zentralen Datenhaltung ergänzt werden. Dies bedeutet für alle Nutzer, auf den gleichen Datenbestand zugreifen zu können, bei definierten Lese- und Schreibrechten (abgebildet in Nutzer-Rollen). Das beginnt schon bei der Entwurfsidee. Technisch basiert dies auf der Nutzung des Internets als Kommunikationsmedium. Dafür existieren mehrere Geschäftsmodelle. Ein neues Geschäftsmodell ist Applikation Service Providing (ASP[17]). Die Grundidee besteht darin, dass alle am Planungs- und Bauprozess Beteiligten die gleiche Software auf Mietbasis nutzen.

Facility Computing als Informationsmanagement-Methode ist Nutznießer aber auch Katalysator für die FM-Prozessgestaltung. Die Prozesse selbst profitieren von der höheren Qualität der Informationsbereitstellung und -verarbeitung, da nur auf diese Weise komplizierte und komplexe Zusammenhänge verarbeitet werden können. Solche Prozesse sind ohne moderne IT-Systeme, umgesetzt in IT-Unternehmenslösungen, nicht mehr denkbar.

---

[17] Dieses Modell kann zudem ein neues Dienstleistungsangebot von IT-Dienstleistern sein.

2 Der Facility Manager und seine Aufgaben

2.1 Stellung und Aufgaben des Facility Managers im Gesamtprozess

In der Praxis treffen wir den Facility Manager (FMr) z.B. in folgenden Positionen an:

- FMr in einem Dienstleistungsunternehmen, verantwortlich für den kompletten Betrieb eines Büro- und Geschäftshauses,
- FMr in einem Krankenhaus, verantwortlich für den Gebäudebetrieb und die komplette Technik (bisher: Technischer Leiter, jetzt FMr mit Ergebnisverantwortung für den Gebäudebetrieb und die Technik),
- FMr in einem Industriebetrieb, verantwortlich für Gebäudebetrieb und die komplette Energie- und Medienversorgung sowie Entsorgung und Umweltschutz (bisher: Leiter Technik oder Energetiker o.ä.) und
- FMr in einer öffentlichen Verwaltung, verantwortlich z.B. für alle Schulgebäude einer größeren Kommune.

Die Stellung des FMr im Prozess des Facility Managements erschließt sich aus der nachfolgenden Abbildung (Abb. 2-1), in welcher als Ausgangsbasis der Lebenszyklus des Gebäudes dargestellt ist.

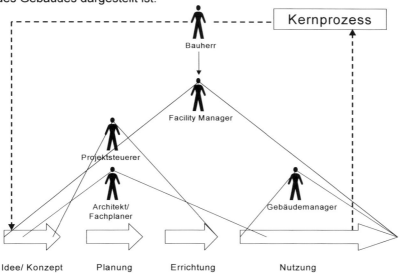

Abb. 2-1: Die Stellung des FMr im FM-Prozess

Die nachfolgenden Ausführungen konzentrieren sich auf die Funktionen des FMr. Es soll damit nicht ausgesagt werden, dass diese Funktionen nur durch eine Person ausgeführt werden sollen. Selbstverständlich kann der FMr eine einzelne Person oder eine FM-Abteilung in einem Unternehmen sein.

Der FMr hat den gesamten Lebenszyklus im Blick. Er ist sowohl für die weitreichenden Entscheidungen in der Planungs- und Bauphase, als auch für die zielorientierte Gestaltung der Nutzungsphase verantwortlich.

Beim traditionellen Bauprozess lag das Hauptaugenmerk der Beteiligten nahezu ausschließlich auf der Errichtung des Gebäudes selbst, ohne dass die Nutzungsphase gebührend berücksichtigt wurde. Dies äußerte sich in den formulierten Zielstellungen bzw. Erfolgskriterien, die sich ausschließlich an der Einhaltung von Kostenbudgets für die Errichtung und an Terminvorgaben orientierte. Das Bauvorhaben war dann erfolgreich, wenn die Termine für die Fertigstellung eingehalten und die vorgegebenen Baukosten nach Möglichkeit nicht oder nur in vertretbaren Rahmen überschritten wurden.

Beim FM-gerechten Bauen setzt sich der FMr an entscheidender Stelle dafür ein, dass die Belange der späteren Nutzung gebührend beachtet werden. Er beurteilt den Architektenentwurf dahingehend, ob vorgegebene Budgets für die Baunutzungskosten eingehalten werden können. Dies ist umso wichtiger, als dass bestimmte Entscheidungen während der späteren Nutzungsphase nur noch sehr schwer korrigiert werden können. Bildhaft kann man sich das Wirken des FMr auch in einem Regelkreis entsprechend der nachfolgenden Abbildung vorstellen, wobei der FMr zum Erreichen seines beabsichtigten Prozess-outputs auch auf den Prozess-input Einfluss nehmen muss.

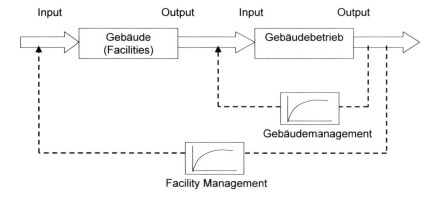

Abb. 2-2: FM als Regelkreis[18]

---

[18] Dargestellt ist der ideale Prozessablauf. Selbstverständlich wirken in der Praxis verschiedene Störgrößen. Diese wurden hier nicht dargestellt, da hauptsächlich verdeutlicht werden sollte, dass FM nicht erst mit der operativen Phase sondern schon viel früher, d.h. in der Entstehungsphase des Gebäudes beginnen muss.

Die Kommunikation des FMr mit dem Architekten erfolgt in Form von Aufgabenstellungen, an Hand derer der Architekt verschiedene Gebäudevarianten entwirft. Beide gemeinsam bewerten die Varianten nach funktionellen Kriterien, Behaglichkeitsanforderungen sowie in Hinblick auf Nachhaltigkeitsaspekte und nach monetären Kriterien entsprechend der betriebswirtschaftlichen Strategie des Unternehmens.

Der Aufgabenbereich des FMr umfasst demzufolge:

- Treffen von Entscheidungen im strategischen Bereich bzw. Vorbereitung solcher Entscheidungen je nach seiner, in der betrieblichen Struktur festgelegten Entscheidungsbefugnis,
- Vorbereitung und Gestaltung von Prozessen der operativen Phase des FM und
- federführende Durchführung des Gebäudemanagements, d.h. Umsetzung der entworfenen Konzepte; dies nicht nur intuitiv, sondern nach einem klar strukturierten Leitfaden.

In der operativen Phase lässt sich die Stellung des FMr als umfassender Gebäude-Dienstleister verstehen, quasi als selbständiger Unternehmer im Unternehmen, der seine internen Kunden mit der Dienstleistung „Gebäudenutzung" bedient. Der FMr nimmt jetzt die Funktion des Gebäudemanagers wahr, und es wird spätestens hier deutlich, dass sich FM nicht nur auf diese Teilaufgabe reduzieren lässt.

In diesem Zusammenhang sind auch die häufig in der FM-Diskussion angeführten Kategorien „Kernprozess und Unterstützungsprozess" im Unternehmen zu verstehen. Entscheidend für den Kunden, d.h. den Nutznießer der Dienstleistung, sind allein die Qualität und die erforderlichen Kosten. Weniger interessant ist der Umstand, ob diese Leistungen von einem internen oder externen Dienstleister erbracht werden. Demzufolge macht es auch keinen Sinn, FM an der Frage Outsourcing oder nicht fest zu machen, sondern entscheidend ist das Service- bzw. Dienstleistungsbewusstsein der handelnden Akteure. Daraus ergeben sich zusätzliche Kriterien für die Bewertung der Arbeit des FMr's. Diese Kriterien sind:

- Einhaltung bzw. Unterschreitung vorgegebener Lebenszykluskosten bzw. von Baunutzungskosten und
- Erreichen eines definierten Levels der Kundenzufriedenheit bzw. der Servicequalität.

2.2 Arbeitsmittel

Als methodische Instrumente stehen dem FMr zur Verfügung:

- ein Managementsystem und
- ein Gebäudeinformationssystem.

Das FM-Managementsystem orientiert sich an klassischen Vorgaben wie Qualitäts- oder Umwelt-Managementsystemen. Kern sind zum einen Verantwortungsstrukturen und zum anderen Verfahrensanweisungen, mit deren Hilfe die einzelnen Aufgaben in Form von Prozessen beschrieben werden (z.B. Störungsmanagement, Energiecontrolling, Umzugsmanagement usw.). Dokumentiert wird eine Systemlösung in einem

Handbuch. Zweckmäßigerweise wird es in Browser-Technologie im betrieblichen Intranet ausführt. Außerdem wird die Lösung im Gebäudeinformationssystem abgebildet.

Eine weitere wichtige Komponente sind Instrumente der Personalführung und -motivation, was hier im Interesse des Themas nicht weiter verfolgt werden kann.

2.3 Verantwortlichkeiten

Je nach Unternehmen kann der FMr selbst verantwortlich für den gesamten Betrieb eines Gebäudes sein, oder er ist Teil einer betrieblichen Struktur, d.h. beispielsweise einer FM-Abteilung und nimmt dort Spezialaufgaben im FM-Prozess wahr.

In kleinen und mittleren Unternehmen wird ein FMr als Generalist benötigt, der in der Lage ist, einerseits den FM-Prozess in seiner strategischen Dimension (über den gesamten Lebenszyklus) zu gestalten und andererseits das operative FM-Geschäft, das Gebäudemanagement, bestehend aus

- technischem Gebäudemanagement,
- infrastrukturellem Gebäudemanagement,
- kaufmännischem Gebäudemanagement und
- Flächenmanagement,

federführend durchzuführen. Dies bedeutet nicht, dass alle Leistungen durch den FMr selbst zu machen oder zu verantworten sind.

2.4 Anforderungen an Qualifikation und Sozialkompetenz

Ohne die grundlegende Forderung nach einer generalistischen Persönlichkeit einzuschränken, sehen wir in Hinblick auf die Hochschulausbildung bzw. Qualifizierung von FMr zwei grundlegende Richtungen:

Spezialisierung	Ausbildungsschwerpunkte
FMr Technik	<ul><li>gebäudetechnische Grundausbildung</li><li>Optimierung gebäudetechnischer Anlagen</li><li>Betriebswirtschaft, Schwerpunkt Investitionsbewertung</li><li>Informationsverarbeitung, Schwerpunkt CAFM</li><li>Managementsysteme</li></ul>
FMr Infrastrukturelle Dienstleistungen	<ul><li>betriebswirtschaftliche Grundausbildung</li><li>Vertiefung Immobilienmanagement</li><li>Betriebswirtschaft, Schwerpunkt Investitionsbewertung</li><li>Informationsverarbeitung, Schwerpunkt CAFM</li><li>Managementsysteme</li></ul>

Die GEFMA-Richtlinienreihe 600 [GEFMA 624, 1999] ist eine gute Orientierung für die Aus- und Weiterbildungsmöglichkeiten von FMr.

Hinsichtlich der notwendigen Sozialkompetenz spielt neben ausgeprägten Fähigkeiten zur Mitarbeiterführung und -motivation vor allem die Fähigkeit zum Treffen von Entscheidungen eine wichtige Anforderung. Der Facility Managementprozess kann auch als eine Kette von Entscheidungsprozessen aufgefasst werden. Demzufolge kommt einer systematischen Entscheidungsfindung wichtige Bedeutung zu.

Allgemein kann der Entscheidungsprozess mit Hilfe folgender Akteure, Handlungen und Kategorien beschrieben werden:

- Entscheider: derjenige der letztlich die Entscheidung trifft.
- Entscheidungsvorbereiter: ein Berater (i.d.R. ein Spezialist), der dem Entscheider die notwendigen Informationen beschafft und aufbereitet; er ist oft wesentlich an der Entscheidung beteiligt und muss sich deshalb seiner Verantwortung bewusst sein.
- Handlungsalternativen: Jede Entscheidung setzt Handlungsalternativen voraus, d.h. mache ich das oder mache ich jenes, im einfachsten Fall: tue ich es oder nicht.
- Prognosen: das sind Voraussagen, welche Konsequenzen das Handeln nach der einen oder anderen Alternative in der Zukunft haben wird. Da niemand die Zukunft voraussehen kann, muss das Ergebnis vorausberechnet, qualifiziert abgeschätzt oder geraten werden. Hier liegt die Verantwortung des Entscheidungsvorbereiters: er muss dem Entscheider die Qualität seiner Prognose mitteilen!
- Entscheidungskriterien: Bewertungskriterien, an Hand derer ich den Wert der einzelnen Handlungsalternative bestimme. Die meisten Entscheidungen sind sog. mehrkriterielle Entscheidungen, bei denen mehrere, z.T. widersprüchliche Kriterien eine Rolle spielen.

Auf das FM übertragen heißt das:

- Der FMr ist zumeist Entscheidungsvorbereiter im strategischen Bereich und i.d.R. selbst Entscheider im operativen Bereich (Gebäudemanagement).
- Entscheidungen sind z.B.: welche Wärme- und Energieversorgung eines Objektes, welche Bodenbelege (Reinigungskosten!), Gebäudemanagement selbst im Unternehmen durchführen oder outsourcen.
- Prognosen sind z.B. Aussagen, wie sich die Kosten bei der einen oder anderen Variante entwickeln werden: Energiekosten, Reinigungskosten usw.
- Die meisten Entscheidungen werden nach betriebswirtschaftlichen Kriterien getroffen.

Der Entscheidungsprozess muss umso gründlicher und damit aufwendiger durchgeführt werden, je weitreichender die Entscheidungen sind. Oder umgekehrt: Der für die Entscheidungsfindung zu betreibende Aufwand muss sich am möglichen Nutzen orientieren.

Damit lassen sich die notwendigen sozialen Kernkompetenzen des FMr nennen:

- Er muss entscheidungsfreudig sein, d.h. Entscheidungen treffen können, und er muss dies systematisch tun.
- Er muss Mitarbeiter (eigene oder die externer Dienstleister) dahingehend motivieren können, dass sie seine Entscheidungen auch umsetzen[19].

Das erfolgreiche Wirken dieser Kompetenzen erfordert natürlich von der Unternehmensleitung, dass sie den FMr organisatorisch in die Lage versetzt, getroffene Entscheidungen umzusetzen. Er muss mit den notwendigen Befugnissen ausgestattet sein, und nicht zuletzt muss die Unternehmensleistung *ihrem* FMr vertrauen, was in der Praxis mitunter schwer sein kann.

---

[19] Im Rahmen der Umsetzung besitzen Kontrollfunktionen große Bedeutung zu. Dies müssen deshalb explizit im Umsetzungsprozess geplant und bei den Aufwendungen und Kosten berücksichtigt werden.

3   Methodische Aspekte

3.1   Die Methode des Technischen Gebäudemanagements

Technisches Gebäudemanagement verstehen wir im Gegensatz zu herkömmlichen Herangehensweisen als ganzheitliche und ergebnisorientierte Methode mit den drei Hauptaspekten:

- Gestaltung von Technik,
- optimales Betreiben von Technik und
- Einkaufs- und Servicemanagement.

Es genügt nicht, Gebäudetechnik zu planen, zu bauen und dann dem Nutzer bzw. Betreiber einfach zu überlassen, sondern es müssen in jeder einzelnen Stufe des Prozesses die beabsichtigten Ziele adäquat bedacht werden. Die Ziele sind:

- die gewünschte Funktionalität bei einer bestimmten Nutzungsqualität,
- möglichst niedrige Gesamtkosten entsprechend dem gewählten Qualitätslevel.

Um diese Ziele erreichen zu können, muss die Gebäudetechnik entsprechend gestaltet werden. Sie muss darüber hinaus aber auch mit optimalen Betriebsparametern betrieben werden, denn das in einer Anlage enthaltene Effizienzpotenzial kann erst durch den Anlagenbetrieb wirklich ausgeschöpft werden. Das Ziel sind nicht niedrige Energieverbräuche sondern möglichst niedrige Gesamtkosten, deshalb müssen auch die benötigte Energie sowie Wartungs-, Instandhaltungs- und andere Dienstleistungen zu möglichst niedrigen Preisen eingekauft werden. Die Verantwortung des modernen Ingenieurs geht über den traditionellen Umfang weit hinaus. Sie umfasst jetzt auch Aspekte

- des Anlagenbetriebes (Anlagenoptimierung, Betreibercontrolling) und
- des Einkaufs- und Servicemanagements (Wartung/Instandhaltung, Verträge, Betreiberpflichten).

Wir werden im einzelnen zeigen, dass dies durchaus anspruchsvolle Ingenieuraufgaben sind. Darüber hinaus profitiert der Planungsingenieur auch von der Beschäftigung mit den neuen Problemkreisen, denn er erhält wertvolle Hinweise, die in die Planung neuer Anlagen einfließen.

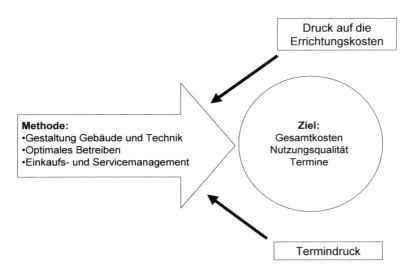

Abb. 3-1: Die Methode des TGM

In der Praxis wirken im wesentlichen zwei Komplexe der Methode des TGM entgegen:

- Druck auf die Errichtungskosten, verursacht durch die gängige Konstellation des Bauens mit Generalunternehmern auf der Basis einer Funktionalausschreibung. Den GU interessieren in der Regel nie die späteren Betriebskosten, da er in sehr hartem Wettbewerb steht und alles versuchen muss, die Baukosten zu drücken. Selbst Investoren, die das Gebäude im nächsten Schritt verkaufen wollen, schauen nur auf die Errichtungskosten und versuchen den GU ihrerseits unter starken Kostendruck zu setzen.
- Die in der Regel sehr enge Terminsituation, die oft das Durchspielen verschiedener Varianten und deren Bewertung nach Kriterien der Nutzungsphase nicht erlaubt.

Wir haben es auch hier mit einem Balanceakt zwischen strategischen und operativen Zielen zu tun, der bewältigt werden muss.

3.2   Strategische Ebene

3.2.1   Planen mit Weitblick

Der Planungsprozess ist der erste konkrete Schritt im Lebenszyklus des Gebäudes und von entscheidender Bedeutung. In der Planung werden Entscheidungen getroffen, die den gesamten Lebenszyklus maßgeblich beeinflussen. So werden die Lebenszykluskosten wesentlich in der Planungsphase beeinflusst, wie die nachfolgende Abbildung zeigt:

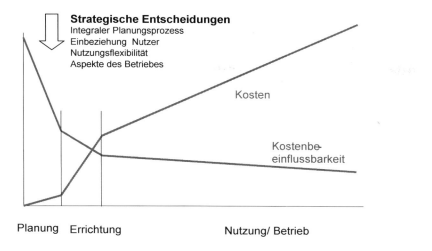

Abb. 3-2: Beeinflussbarkeit der Kosten im Verlauf des Lebenszyklus

Insofern gehört der Planungsprozess zur strategischen Ebene eines ganzheitlichen Facility Managements und muss in seinen Zielen und seiner Struktur vollkommen neu gedacht werden.

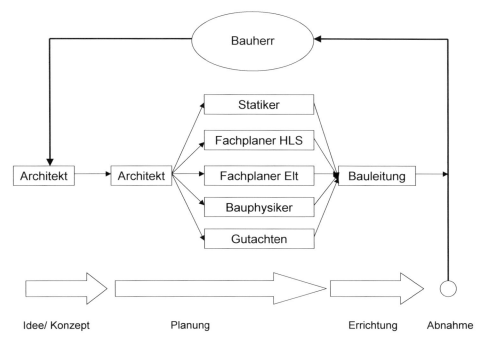

Abb. 3-3: Konventionelle serielle Planung

Traditionelle Planungsprozesse haben seriellen Charakter, dabei werden hintereinander verschiedene Schritte abgearbeitet und die Beteiligten je nach Bedarf hinzugezogen. In der Regel ist es so, dass der Architekt, ausgehend von den Intentionen des Bauherrn, ein Konzept vorgibt, dies schon in den ersten Planungsstufen (Vorplanung) ausarbeitet und erst dann die Fachplaner und -spezialisten hinzuzieht. Insbesondere solche Konzepte, bei denen es um die Einheit von Baukörper und Technik geht (siehe weiter unten), haben dabei keine echte Chance.

Der entscheidend neue Ansatz einer FM-gerechten Gebäudeplanung ist die umfassende Berücksichtigung der sich aus der Nutzungsphase ergebenden Anforderungen, wie

- Funktionalität,
- Flexibilität hinsichtlich Nutzungsänderungen,
- Behaglichkeit sowie
- optimale Gesamtkosten.

Der Erfolg gelingt nur, wenn alle am Planungsprozess und an der späteren Nutzung Beteiligten von Beginn an einbezogen werden.

Darüber hinaus ist es erforderlich, die Planungsinhalte unter dem Facility Management Gedanken neu zu gestalten. Dazu kann auch das Leistungsbild der gültigen HOAI [HOAI, 2002] mit einbezogen werden, in der unter der Kategorie „Besondere Leistungen" sowohl im §15 als auch im §73 „Wirtschaftlichkeitsberechnungen" angeführt werden. Sicher ist es sinnvoll, diesen Begriff zu präzisieren bzw. zu erweitern und zusätzlich die Abschätzung von Baunutzungs- und Dienstleistungskosten in das Leistungsbild mit aufzunehmen.

Die Kommunikation der Planungsbeteiligten orientiert sich inhaltlich an den Lebenszykluskosten. Methodisch gesehen nimmt der Facility Manager als Verantwortlicher für den gesamten Lebenszyklus Einfluss auf die Gebäudegestaltung, indem er entsprechende Aufgabenstellungen für das Planungsteam vorgibt und diese gemeinsam mit dem Team „Gebäudemanagement„ bzw. unter Nutzungsaspekten bewertet.

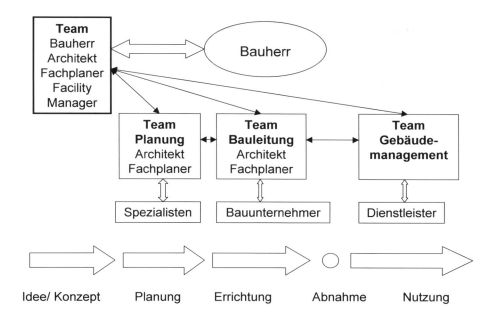

Abb. 3-4: FM-gerechter Planungsprozess

Der neue Charakter des Planungsprozesses spiegelt sich auch in den entsprechenden IT-Prozessen wider. Während bisher Architekt und Fachplaner weitgehend losgelöst von einander an eigenen Plänen (bzw. den entsprechenden Computerdateien) gearbeitet haben und viele Konflikte erst in der Bauphase oder in der Nutzungsphase zu Tage traten, arbeiten jetzt alle Planungsbeteiligte an einem Objekt, welches auf einem zentralen Server platziert ist und zu dem jeder über Kommunikationsnetze Zugriff hat. Diese Strategie konsequent weiter gedacht, ermöglicht dann auch ein umfassendes Informationsmanagement, bei welchem Informationen aus dem Planungs- und Bauprozess in die operative Phase des FM, d.h. in das Gebäudemanagement, transferiert werden. Dadurch ergeben sich im Übrigen für Architekten und Ingenieure ganz neue Erkenntnismöglichkeiten, indem der Informationsfluss einer konkreten Gebäudeplanung hinsichtlich künftiger Planungen ausgewertet wird. So kann beispielsweise nachvollzogen werden, warum bestimmte Kostenbudgets in einem Objekt nicht eingehalten werden konnten und wie dies künftig besser gemacht werden kann.

Generell ist der Planungsprozess in zwei, nicht voneinander zu trennende Richtungen zu sehen:

- Planung des Gebäudes, der technischen Anlagen und aller infrastruktur- und nutzungsbezogenen Einrichtungen sowie
- Planung des Gebäudemanagementprozesses.

Von zunehmender Wichtigkeit ist die Planung von Dienstleistungen, die im Rahmen des Gebäudemanagements benötigt werden. Generell unterscheidet sich die Planung von Dienstleistungen von der Anlagenplanung in mehrerer Hinsicht:

- Dienstleistungen haben im Gegensatz zu Gebäuden und Anlagen immateriellen Charakter.
- Während Anlagenplanungen in der Regel für ein konkretes Objekt erbracht werden, sind Dienstleistungen vom konkreten Objekt (nicht jedoch vom Objekttyp) unabhängig. Planungsergebnisse können beispielsweise für verschiedene Objekte verwendet werden.

Immobilienbesitzer und Bauherren benötigen eine qualitativ hochwertige Planung und Beratung im Bereich des Facility Managements. Hier werden Ingenieurleistungen mit Anforderungen an:

- die planerischen Erfahrungen in enger Verbindung mit praktischen Lösungen zur Entwicklung von zum jeweiligen Unternehmen passenden Bewirtschaftungskonzepten und
- das organisatorische Durchsetzungsvermögen bei der Realisierung der Aufgabe

erwartet.

Letzteres gilt nicht nur gegenüber dem Auftragnehmer, sondern auch gegenüber dem vom Auftraggeber eingesetzten Personal, das die Ergebnisse der eingeführten Systematik nutzen soll.

Folgende planerische Leistungen werden benötigt [HÖSCHELE, 2001]:

- Beratung bei der Entscheidung zum Einsatz effizienter Betreibermodelle und zur Anpassung der Organisationsstrukturen im Unternehmen an den FM-Gesamtprozess (s. Abschnitt 3.3.2),
- Planung von Dienstleistungen, Durchführung von Wettbewerben
- Planung des Einsatzes von CAFM-Lösungen und begleitende Einführung von FM-Prozessen (s. Abschnitt 3.4.3) und
- Auditierung, Kontrolle der erbrachten FM-Dienstleistungen.

Die Planungen von Dienstleistungen des FM sind eine gute Voraussetzung für ein FM-Controlling und die Umsetzung von FM-Strukturen in den Unternehmen. Durch klare eindeutige Leistungsverzeichnisse über den zu erbringenden Dienstleistungsumfang und durch den Wettbewerb werden erhebliche finanzielle Einsparungen erreicht.

Bei der Planung von Dienstleistungen ist zunächst der Datenbestand zu erfassen. Dies erfolgt nicht nur für bestehende Gebäude, sondern auch während der Errichtung eines neuen Objektes. Auf die richtige Gliederungstiefe der Flächen und Anlagen sowie die kaufmännische Gestaltung der Verdingungsunterlagen ist besonderer Wert zu legen. Wichtig ist es auch, dass die im Leistungsverzeichnis aufbereiteten Daten in die zur Nutzung vorgesehene CAFM-Software eingelesen werden können und damit keine zusätzlichen Kosten für die Bestandsaufnahme/ Datenerfassung entstehen. Erfahrungen bei der Auswertung von Ausschreibungen für Liegenschaften und Gebäudekomplexe haben gezeigt, dass regelmäßige (jährliche) Audittermine nach der Vergabe der Dienstleistungen eine Prüfung und Beurteilung der Ausführung ausgeschriebener Leistungen ermöglichen. Sie bringen Ordnung und Qualität in das Geschehen und unterstützen die Auftragnehmer bei der Umsetzung der FM-Aufgaben.

3.2.2 Die technischen Gesamtkosten

Ohne unseren ganzheitlichen Ansatz von FM einzuschränken, wollen wir uns im folgenden auf das technische Gebäudemanagement (TGM) konzentrieren. Dabei gehen wir von dem Ziel aus, die "technischen" Gebäudekosten zu minimieren.[20]

Unter den technischen Gebäudekosten verstehen wir *alle* Kosten, die in Zusammenhang mit der Versorgung des Gebäudes mit Energie und anderen Medien (Luft, Wasser, technische Gase) stehen.

Die Gesamtkosten der Energie- und Medienversorgung sind über den gesamten Lebenszyklus zu bilanzieren, d.h. hier im Speziellen:

- Errichtungs-, d.h. Anlagenkosten (DIN 276)
- Baunutzungskosten, d.h. alle laufenden Kosten für Energie, Bedienung, Wartung, Instandhaltung, Service und Sonstiges

Zweckmäßigerweise werden diese Gesamtkosten in Anlehnung an die VDI 2067 [VDI 2067, 2000] als jährliche, über der Nutzungszeit konstante Kosten[21] geschrieben und zwar strukturiert in vier Kostengruppen:

- kapitalgebundene Kosten
- verbrauchsgebundene Kosten
- betriebsgebundene Kosten
- sonstige Kosten

---

[20] Wir werden hier also nicht untersuchen, ob es aus oben bereits erwähnten Gründen ggf. Sinn macht, in dem einen oder anderen Fall höhere Kosten in Kauf zu nehmen.

[21] Selbstverständlich kann es in bestimmten Fällen erforderlich sein, von diesem Prinzip abzuweichen und auch die Veränderung bestimmter Kosten während der Nutzungszeit zu berücksichtigen. Im Interesse einer überschaubaren Darstellung der gesamten Methode muss aber an dieser Stelle darauf verzichtet werden.

3.2.2.1 Kapitalgebundene Kosten K_A

Dies umfasst die Kosten für Kapitaldienst (auf die Nutzungszeit umgelegte Investitionskosten einschließlich Verzinsung) und die Kosten für Instandhaltung

$$K_A = I_0 \cdot (a + f_{Inst})$$

I_0 Investitionskosten

a Annuitätsfaktor

f_{Inst} Faktor Instandhaltungskosten, siehe VDI 2067 (wenn keine Angaben vorliegen $f_{Inst} = 0{,}02$)

3.2.2.2 Verbrauchsgebundene Kosten K_B

Dazu zählen die Kosten für Energie und Brennstoffe sowie für Wasser, Chemikalien, Hilfsstoffe.

$$K_B = \sum_i (Q_{Prim,i} \cdot k_{Prim,i}) + \sum_j (Q_{Hilfs,j} \cdot k_{Hilfs,j}) + \sum_k (V_{BS,k} \cdot k_{BS,k})$$

$Q_{Prim,i}$ Primärenergieverbrauch Komponente i (Erdgas, Heizöl-EL oder Fernwärme)

$k_{Prim,i}$ Primärenergiepreis der Komponente i

$Q_{Hilfs,j}$ Hilfsenergieverbrauch der Komponente j

$k_{Hilfs,j}$ Preis für Hilfsenergie Komponente j

$V_{BS,k}$ Verbrauch Betriebsstoff Komponente k

$k_{BS,k}$ Preis für Betriebsstoff Komponente k

3.2.2.3 Betriebsgebundene Kosten K_C

Das sind im Einzelnen:

- Kosten für Bedienung
- Wartungskosten
- Grundkosten bei leitungsgebundenem Energiebezug (Elt, Fernwärme, Gas)
- Kosten für Emissionsmessungen
- Kosten für TÜV u.ä.

3.2.2.4 Sonstige Kosten K_D

Dazu zählen wir:

- Kosten für Versicherungen: $K_{Vers} = I_0 \cdot f_{Vers}$
- f_{Vers} Faktor Versicherung (i.d.R. f_{Vers}=0,005)
- Verwaltungskosten
- Kosten für Verbrauchsmessung
- (Steuern)

Damit ergeben sich die Gesamtkosten als Summe der 4 Teilkosten:

$$K_{Ges,a} = K_A + K_B + K_C + K_D \text{ in } €/a$$

3.2.3 Betriebswirtschaftliche Bewertung von Varianten

In der Regel geht es darum, verschiedene technische Varianten für eine bestimmte Versorgungsaufgabe betriebswirtschaftlich zu bewerten. Dazu bedient man sich der klassischen Investitionsrechnung. Die hier zu betrachtende Konstellation stellt einen Spezialfall aufgrund folgender Zusammenhänge dar:

- Generell fallen bei der Betrachtung von gebäudetechnischen Investitionen nur Auszahlungsströme (Kosten) an. Bei einzelnen Verfahren werden beim Vergleich verschiedener Varianten die Einsparungen der einen gegenüber der anderen Variante als Einzahlungen im betriebswirtschaftlichen Sinne gewertet.
- Es werden Varianten miteinander verglichen, dabei ist zu untersuchen, ob sich die Mehrinvestitionskosten aufgrund der erzielbaren Einsparungen „rechnen". Die Betrachtung nur einer technischen Lösung für eine bestimmte Versorgungsaufgabe ergibt im Rahmen der Investitionsrechnung für den hier vorliegenden Spezialfall keinen Sinn.[22]

Meistens werden statische Verfahren verwendet, bei denen zeitliche Unterschiede im Auftreten von Ein- und Auszahlungen vernachlässigt werden. Im einfachsten Fall kann man, wie gerade beschrieben, die jährlichen Gesamtkosten der Varianten miteinander vergleichen, und es ist die Variante am günstigsten, welche die geringsten jährlichen Gesamtkosten aufweist.

Mit Hilfe der Amortisationsrechnung kann man den Zeitraum ermitteln, in dem die eingesetzte Mehrinvestition durch die erzielten Einsparungen wieder zurückfließt:

---

[22] Natürlich kann die Investitionsrechnung nur eine Variante betrachten und ermitteln, ob eine Investition aus betriebswirtschaftlicher Sicht sinnvoll ist oder nicht. Hier geht es aber darum, für eine Versorgungsaufgabe, welche in jedem Fall erbracht werden muss, die betriebswirtschaftlich günstigste Variante zu ermitteln. Sollte es in einem besonderen Fall nur eine technisch mögliche Variante geben, so macht die Frage nach deren betriebswirtschaftlichen Bewertung keinen Sinn, da die Investition ohnehin gemacht werden muss.

$$\tau = \frac{\text{Mehrinvestition} \quad [\text{in } €]}{\text{jährliche Einsparung} \quad [\text{in } €/a]} \text{ in Jahren.}$$

Die Mehrinvestition sind die zusätzlichen Anschaffungskosten einer Variante gegenüber einer anderen Variante. Die teurere Anlagenvariante ist dann sinnvoll, wenn sich die Mehrinvestition innerhalb eines vorgegebenen Zeitraumes amortisiert. Gibt es dazu keine konkreten Vorgaben, so sollte die erreichbare Kapitalrückflussdauer deutlich unter der Nutzungsdauer der Anlage liegen.

Die Kapitalwertmethode gehört zu den dynamischen Verfahren, deren Vorteil in der genauen Berücksichtigung von Ein- und Auszahlungsströmen hinsichtlich Wert und Zeitpunkt besteht. Es wird der Kapitalwert einer Investition durch Abzinsung aller Ein- und Auszahlungen auf den Zeitpunkt t=0 ermittelt. Beim Vergleich mehrerer Varianten ist jene am günstigsten, die den größten Kapitalwert ausweist. Für den Fall, dass jedoch nur Auszahlungen anfallen, ist auch die Variante am günstigsten, bei welcher der Kapitalwert am größten ist.

$$C_0 = -I_0 + \sum_{t}^{n}(E_t - A_t)q^{-t} + L_n q^{-t}$$

$$q = 1 + i$$

C_0 Kapitalwert

I_0 Anfangsanschaffung

E_t Einzahlungen (hier: Einsparungen z.B. an Energiekosten)

A_t Auszahlungen (Kosten)

L_n Liquidationserlös (z.B. Restwert einer Anlage nach n Benutzungsjahren)

Die Frage, welches Verfahren anzuwenden ist, kann nicht pauschal beantwortet werden. In der Regel wird mit Hilfe der einfachen statischen Verfahren eine Vorauswahl getroffen, die dann im Einzelfall mit Hilfe dynamischer Verfahren detailliert zu untersetzen ist. Insbesondere bei kapitalintensiven Technologien (z.B. Blockheizkraftwerk), d.h. wenn der Kapitalkostenanteil (siehe oben) signifikant gegenüber den übrigen Kostenanteilen ist, können zuverlässige Aussagen nur mit der Kapitalwertmethode (oder anderen dynamischen Verfahren) getroffen werden.

3.2.4 Kostensenkungsansatz des TGM

Um Ansatzmöglichkeiten für Kostensenkungen transparent zu machen, lassen sich die jährlichen Gesamtkosten $K_{Ges,a}$ in Anlehnung an die Vorgehensweise der VDI 2067 auch als Summe der Produkte der jährlichen Verbräuche von Lieferungen/ Leistungen $V_{i,a}$ mit den zugehörigen Preisen k_i schreiben:

$$K_{Ges,a} = \sum_{i}(V_{i,a} * k_i) \text{ in €/a}$$

Unter Lieferungen/ Leistungen verstehen wir die unter Kapitel 3.2.2 genannten wie z.B. Energielieferungen, Wasserlieferungen, Wartungs- und Instandhaltungsleistungen.

Daraus ergeben sich die beiden Ansatzmöglichkeiten zur Verringerung der Gesamtkosten:

- Senkung der einzelnen Verbräuche von Lieferungen/ Leistungen
- Verbesserung der Einkaufspreise.

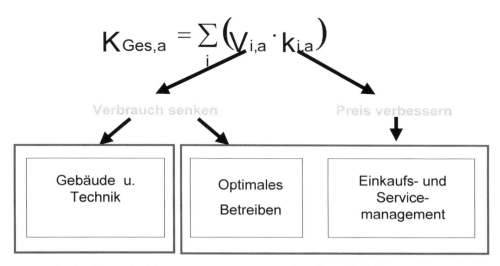

Abb. 3-5: Kostensenkungsansatz des TGM

Dieser Ansatz verdeutlicht die gesamte Spannbreite des TGM. Er umfasst, wie weiter unten noch ausführlich dargestellt wird, nicht nur die entsprechende Gestaltung technischer Anlagen und deren optimales Betreiben, sondern es ist zu berücksichtigen, dass im Zusammenhang mit den haustechnischen Anlagen in aller Regel ein umfassender Komplex von Verträgen einerseits bzw. Betreiberpflichten andererseits existiert. Es bedarf also eines Einkaufs- und Servicemanagements[23]. Dazu gehört nicht nur der marktgerechte Einkauf von Energie und Medien sondern auch die zweckmäßige Organisation von Wartungs-, Service- und Instandhaltungsleistungen sowie

---

[23] Entsprechend den GEFMA-Richtlinien wäre dieser Komplex eigentlich dem kaufmännischen Gebäudemanagement zuzuordnen. Die Praxis zeigt aber, daß dies in der Regel nicht zweckmäßig ist, da eine optimale Vertragsgestaltung nur bei ausreichendem Verständnis der technischen Zusammenhänge gelingen kann. Zumindest muß eine spartenübergreifende Zusammenarbeit gewährleistet werden.

die Einhaltung von Betreiberpflichten wie die Durchführung gesetzlicher Prüfungen von Anlagen u.ä.

TGM ist nicht nur ein Thema für große Gebäudekomplexe wie Bankhäuser, Einkaufszentren o.ä. sondern auch ein geeignetes Mittel, um die Kosten für kleinere und mittlere Gebäude in den Griff zu bekommen. Gerade im Bereich der öffentlichen Hand lassen sich mit Hilfe des technischen Gebäudemanagements signifikante Kosteneinsparpotenziale erschließen.

Unter Technischem Gebäudemanagement verstehen wir ein komplexes Instrumentarium von Ingenieur- und Managementmethoden zur Senkung der Gesamtkosten für die Energie- und Medienversorgung von Gebäuden. Dabei geht es um:

- *Gebäudetechnik*, d.h. die Gestaltung und den Betrieb von energie- und versorgungstechnischen Anlagen im weitesten Sinne, auch im Zusammenhang mit der Architektur des Gebäudes. Hier sind sämtliche Kosteneinsparpotenziale zu ermitteln, zu bewerten sowie technisch und betriebswirtschaftlich sinnvolle Strategien zu deren Ausnutzung zu entwickeln.
- *Management*, d.h. um die Methoden, mit deren Hilfe die entwickelten Strategien in die tägliche Praxis umgesetzt werden.

Schon der Begriff "Gebäudemanagement" enthält die zwei wesentlichen Teilaspekte, die für den Erfolg erforderlich sind.

Gebäudetechnik

Einsparpotenziale lassen sich in den genannten Ansatzpunkten finden:

1. durch Planung und Errichtung von effizienter Anlagentechnik
2. durch optimales Betreiben von Anlagen
3. durch professionelles Einkaufs- und Servicemanagement

Management

Der zweite Teilaspekt des Begriffs „Gebäudemanagement" weist deutlich darauf hin, dass es nicht nur um technische Aufgabenstellungen geht, sondern wesentlich auch um Managementaufgaben. Hierauf wird im folgenden Abschnitt eingegangen.

Gebäudetechnik
Gestaltung von:
Gebäuden+Anlagen
Anlagenbetrieb

Management
Verantwortlichkeiten
Motivation
Kommunikation
CAFM

Abb. 3-6: Zwei Aspekte von TGM

3.3 Operative Ebene

3.3.1 Facility Managementprozesse

Managementprozesse haben allgemein folgende Struktur:

- Ist-Zustand analysieren
- Ziele setzen
- Mitarbeiter integrieren, qualifizieren und damit motivieren
- Planen
- Entscheiden
- Realisieren
- Kontrollieren
- Korrigieren

In der Regel handelt es sich um dynamische, andauernde Prozesse. Zur Umsetzung werden als Handwerkszeug Managementsysteme angewendet. Bekannte Managementsystem sind z.B. ISO 9000 (Qualitätsmanagement) und ISO 14000 (Umweltmanagement).[24]

---

[24] Leider sind für diese Hilfsmittel kaum effektive IT-Werkzeuge verfügbar.

Auf das Thema TGM übertragen heißt das:

- Es müssen klare Zielstellungen formuliert werden (was soll erreicht werden?).
- Es müssen Verantwortlichkeiten/ Organisationsstrukturen festgelegt werden (wer ist für die Kosten der Energie- und Medienversorgung verantwortlich?).
- Es muss die Kommunikation zwischen den Beteiligten gewährleistet werden.
- Es müssen die notwendigen Informationen und das vorhandene Wissen effektiv verfügbar gemacht werden (sehr gute Anregungen liefern dazu [MANDL, 2000]).

Die letzten beiden Forderungen führen zu der Notwendigkeit eines Informationssystems. In diesem werden nicht nur Daten erfasst und gepflegt, sondern im Kern geht es um die Modellierung von Prozessen, d.h. konkreten Abläufen und Verfahrensanweisungen (wie ist mit den zur Verfügung stehenden Daten umzugehen).

Daraus ergeben sich

- Anforderungen an das CAFM-System, d.h. wie komfortabel wird die Modellierung von Prozessen unterstützt, damit rasch eine CAFM-Lösung entstehen kann und
- Anforderungen an die Modellierung der FM-Prozesse selbst.

Letztlich handelt es sich dabei um den eigentlichen Kern der operativen Phase des TGM. Die neue Qualität von FM gegenüber herkömmlicher Gebäudebewirtschaftung drückt sich gerade in der Frage der Prozessmodellierung aus. Wurden bislang lediglich einzelne Aufgaben im Rahmen interner oder externer Hierarchien abgearbeitet, so zeichnet sich FM durch eine hierarchieübergreifende und vor allem ergebnisorientierte, integrative Herangehensweise aus.

Die Prozessorientierung ist das entscheidende Merkmal des FM.

Einen Managementprozess kann man als eine Abfolge von Aufgaben mit einer konkreten Zielstellung definieren. Entscheidend ist der Aspekt der Zielstellung. Ohne diesen geht es lediglich um eine ziellose Abarbeitung von Aufgaben, um die Verwaltung von Aufgaben und im schlimmsten Fall um Dienst nach Vorschrift.

Einen FM-Prozess definieren wir als Aufgabenkombination mit konkreter Zielstellung.

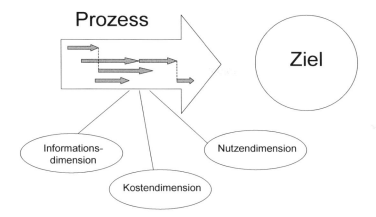

Abb. 3-7: FM-Prozess

Dimensionen eines FM-Prozesses:

- Kostendimension
    - Wirtschaftlichkeit
    - Kostenzuordnung/ Preisbildung
- Informationsdimension
    - Informationsaustausch Prozess-Beteiligte/ Prozess-Prozess
    - Dokumentation im CAFM
- Nutzendimension
    - Aufgabe im FM-Gesamtprozess
    - konkreter Nutzen
    - Nutzungsqualität (z.B. Kundenzufriedenheit, Verkürzung von Reaktions-/ Bearbeitungszeiten)

Die Prozessgestaltung und -beschreibung erfolgt mit Work-flow-Verfahren. Diese beinhalten eine ablauforientierte Gliederung der einzelnen Verfahrensschritte und bestehen demzufolge aus Verfahrensflussbildern und einzelnen Verfahrensanweisungen[25].

---

[25] IT-Werkzeuge zur Prozessmodellierung sind am Markt verfügbar; z.B. ARIS von IDS Scheer

Prozess	Ziele	Inhalt
Störungs-management	• Verkürzung von Ausfallzeiten • Erhöhung der Verfügbarkeit	• Zielsetzung/ Definition von Störungen • Erfassung von Störungen • Bewertung/ Klassifizierung • Reaktion in Abhängigkeit der Bewertung • Kontrolle • Dokumentation
Energie-controlling	Senkung der Energiekosten	• Vorgabe von Budgets • Erfassung von Abweichungen • Bewertung/ Klassifizierung • Reaktion in Abhängigkeit der Bewertung • Kontrolle • Dokumentation
Reparaturauftrag	Termin- und aufwandsgerechte Durchführung von Reparaturarbeiten	• Feststellen des Bedarfs • Auftragsauslösung (intern oder extern) • Ausführung • Kontrolle • Kostenzuordnung • Dokumentation

Tabelle 3-1: Beispiele für Prozesse im TGM

Die Beispiele verdeutlichen, dass der grundlegende Prozessablauf relativ identisch ist und es demzufolge Sinn macht, Basisprozesse zu modellieren und diese auf konkrete Spezialfälle anzupassen.

3.3.2 Betreiberkonzepte

Während bisher über Inhalte von Prozessen gesprochen wurde, ist bei der Planung von FM-Prozessen auch die Frage zu stellen, wer die Prozesse im Einzelnen realisieren soll. Diese Frage wird in Zusammenhang mit der gesamten Facility Management Thematik sehr häufig diskutiert und oft wird Facility Management stark verkürzt mit Outsourcing gleichgesetzt.

Die Frage, welches Betreiberkonzept auszuwählen ist, hängt von der jeweiligen Unternehmensstrategie ab. Voraussetzung für die Entscheidungsfindung ist zunächst die genaue Kenntnis der Organisationsstruktur und des Umfangs der einzelnen erforderlichen Bewirtschaftungsleistungen.

Grundsätzlich werden Gebäude und Liegenschaften nach drei Modellen bewirtschaftet:

- Interne Bewirtschaftung
- Auslagerung in ein Tochterunternehmen
- Outsourcing

3.3.2.1   Interne Bewirtschaftung

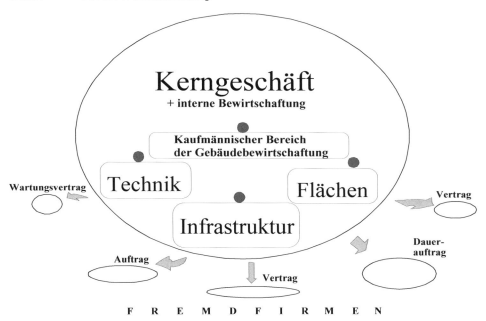

Abb. 3-8: Interne Bewirtschaftung, Dienstleistungen neben dem Kerngeschäft

Laut Abb. 3-8 werden die Dienstleistungen neben dem Kerngeschäft im Unternehmen (in der Regel durch Abteilungen Technik) selbst erbracht. Mitunter wird in Unternehmen in zweierlei Hinsicht nicht klar zwischen Kerngeschäft und FM unterschieden:

- hinsichtlich der Verantwortungs- und Aufgabenzuordnung sowie
- hinsichtlich der Kosten.

Dadurch können personelle und materielle Kapazitäten nicht genügend ausgelastet werden. Die Qualität des Betreibens und die für das Unternehmen verfügbare Anlagenkenntnis sowie die Erfahrungen der Spezialisten stehen in direkter Beziehung zur Häufigkeit des Personalwechsels.

Als klarer Vorteil ist hier das im Unternehmen verbleibende Know-how zur vorhandenen Anlagentechnik zu sehen. Darüber hinaus ist die Verbundenheit der betreffenden Mitarbeiter mit dem Unternehmen und das entsprechende persönliche Engagement weit stärker ausgeprägt als bei externen Dienstleistern.

Das Modell bedarf einer internen Vertragsgestaltung zwischen den Bereichen der Produktion und der Bewirtschaftung, damit eine klare Kosten- und Leistungszuordnung zu Kostenstellen und Kostenträgern möglich ist.

3.3.2.2 Auslagerung in ein Tochterunternehmen

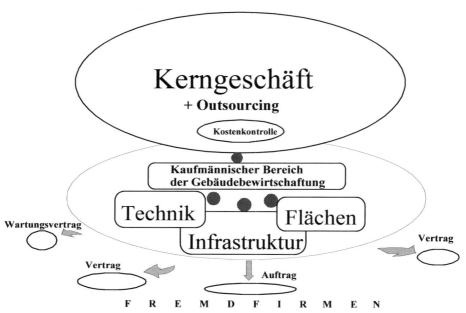

Abb. 3-9: Dienstleistungen durch das Tochterunternehmen

Das Dienstleistungsgeschäft wird von einem Tochterunternehmen erbracht. In diesem Modell sind die Kosten klar definiert, und die Kapazitäten können geplant werden. Hier werden aber mitunter die Kontrollfunktionen durch die Muttergesellschaft nicht ausreichend umgesetzt, und die Vergabe von Leistungen an das Tochterunternehmen erfolgt oft nicht zu Marktpreisen.

3.3.2.3 Outsourcing

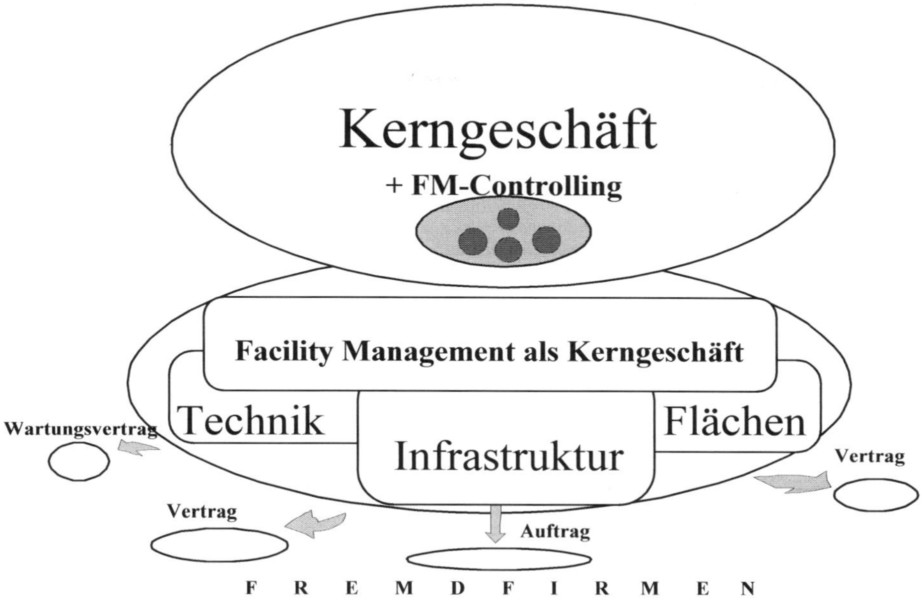

Abb. 3-10: Externe Dienstleistungen durch Fremdunternehmen

Bei der kompletten Vergabe aller Dienstleistungen an Fremdfirmen ist ein Aufbau des FM-Controllings im Unternehmen unumgänglich. Dadurch profitiert das Kerngeschäft vom Outsourcing, da die Kompetenz und Entscheidungsfähigkeit im Unternehmen verbleibt. Ein komplettes Outsourcen ohne Aufbau einer FM-Controllinginstanz im Unternehmen führt dazu, dass der Kernprozess aufgrund von Informations- und Know-how-Verlusten beeinträchtigt wird.

Die Vorteile dieser Organisationsstruktur liegen im gestrafften, fach- und kundenorientierten Einsatz von Personal sowie der eindeutigen Verantwortung für den FM-Bereich.

In diesem dritten Betreibermodell sind sogenannte Auditleistungen durch externe Berater von großer Bedeutung. Nach der Vergabe der Leistungen und Einarbeitung des Dienstleisters sollten jährliche Überprüfungen zum ausgeschriebenen Leistungsumfang und dem tatsächlichen Zustand der Technischen Ausrüstung stattfinden.

Alle drei Modelle werden heute gleichberechtigt im Immobiliengeschäft angewendet. Wichtig ist die Qualität der Organisationsstruktur, die durch Untersuchung, Beratung und FM-Planung verbessert werden kann. Generell ist der Einsatz von CAFM-Systemen unabdingbar, um Informationen, Wissen und Erfahrungen als Basis für die erfolgreiche Gebäudebewirtschaftung im Unternehmen selbst zu halten. Dadurch macht man sich unabhängiger von einzelnen Dienstleistern und kann Leistungen immer wieder unter uneingeschränktem Wettbewerb vergeben.

3.4 Umsetzung mit Hilfe der Informationstechnologie

3.4.1 Thesen zur Einführung eines IT-Systems in einem Unternehmen

Die Thesen sind die Quintessenz jahrelanger Projektarbeit. Wir wollen unter einer These eine Aussage verstehen, von deren Wahrheitsgehalt man überzeugt ist. Thesen sollten über das Tagesgeschäft hinaus eine relative Gültigkeit besitzen. Der jeweiligen These wollen wir unsere Einschätzung der gegenwärtigen Realität gegenüberstellen und Handlungskonsequenzen aufzeigen.

These 1: Das wertvollste und teuerste einer IT-Lösung sind die Daten. Die Kosten werden zu 70-80% durch Orgware und Daten bestimmt. Die Erfassung, Nutzung und Pflege der Daten wird ganz entscheidend durch das Datenmodell (s. Kap. 7.1) der Software geprägt.

Stand: Software wird zu stark nach der Funktionsvielfalt und dem Layout einer Oberfläche bewertet und nicht als Bestandteil einer Unternehmens-IT-Lösung (s. 1.3.2 S. 10). Der Aufwand für die Aufbereitung und Erfassung von Daten wird häufig außer Acht gelassen[26].

Konsequenz: Die Bedeutung des Datenmodells wird erst im Laufe der Nutzung verstanden. Das Verständnis wächst nicht selten aus Programmfehlern und negativen Erfahrungen bei Veränderungswünschen (Redundanzen, Anpassungsfähigkeit u.a.).

These 2: Das Datenmodell der Software (der Datenbank) muss aus den Zielen, den Rahmenbedingungen und den Geschäftsprozessen des Unternehmens abgeleitet werden. Diese Anpassung wird in einem Pflichtenheft (s. Kap. 3.4.2.2) dokumentiert[27].

Stand: Datenmodelle werden kaum aus den Geschäftsprozessen abgeleitet, weil dazu leicht nutzbare Werkzeuge fehlen.

Konsequenz: Datenmodelle definieren auch den (Mehr-)Aufwand, der zum Datenaustausch mit anderen Systemen notwendig ist.

These 3: Die Anpassung ist dann effektiv, wenn ein Standarddatenmodell vorliegt, mit dem für den Kunden ein Prototyp erstellt werden kann, auf dessen

---

[26] Nach Erfahrung der Autoren Hauptgrund für gescheiterte CAFM-Projekte oder CAFM-Systemwechsel

[27] Wir sind der Auffassung, dass IT-Lösungen wie CAFM nicht als Produkte kaufbar sind, sondern um Produkte herum entwickelt werden müssen.

Grundlage das Pflichtenheft nicht nur durch Befragung der Nutzer, sondern durch deren praktisches Tun entsteht.

Stand: Standarddatenmodelle sind immer in gewisser Weise „abgespeckte" konkrete Lösungen und enthalten damit nicht die zum Geschäftsprozess invarianten Bestandteile.

Konsequenz: Der Prototyp entscheidet nicht selten über die Akzeptanz der IT-Lösung. Es ist das Geschick und die Leistungsfähigkeit des Anbieters, im Prototypen die Prozesse schon so zu integrieren, dass die gegenwärtigen Anforderungen relativ gut abbildet werden.

These 4: Nur mittels eines strategischen Projektmanagements, in dem Auftrageber und Auftragnehmer qualitativ und quantitativ verankert sind, kann ein IT-Projekt effektiv realisiert werden. Die wichtigste Phase ist die Projektvorbereitung. Kostenersparnis in dieser Phase kann zu mehrfachem Aufwand in der Realisierungsphase führen

Stand: IT-Projekte werden vollständig an die IT-Bereiche delegiert, statt in den oberen Managementebenen Ziele, Rahmenbedingungen und Kontrollfunktionen zu definieren.

Konsequenz: Die Belange des Managements werden meist erst dann angemeldet, wenn das Projekt installiert ist und die Lösung nicht die Daten liefert, die benötigt werden. Oder es stellen sich die erhofften Effekte nicht ein. Ursachen liegen zumeist in der strategischen Ebene und den Ergebnissen der Vorbereitungsphasen. In der Regel werden die Fehler aber nur im Bereich der operativen Ebene gesucht.

These 5: Die IT ist als Hilfsmittel in alle Phasen eines Projektes zu integrieren[28]. Die gewonnenen Daten sind schrittweise zu qualifizieren und zu strukturieren.

Stand: IT wird erst dann eingeplant, wenn es um den zu steuernden Hauptprozess geht und es ein Softwareprodukt gibt. IT zur Begleitung aller Prozesse, beginnend bei der Ideenfindung bis hin zu Nebenprozessen, wird nicht integral gesehen oder genutzt.

Konsequenz: Es werden Transparenz und Effektivität bezogen auf den Gesamtprozess verschenkt, weil nur Teilprozesse betrachtet werden.

Diese Thesen dienen der Orientierung bei der konkreten Arbeit an einem Projekt im Allgemeinen und bei einem FM-Projekt im Besonderen.

---

[28] Entspricht der FC-Strategie im Kap.1.3.2

3.4.2 Planung des Einsatzes von IT-Systemen

3.4.2.1 Organisation und Verantwortlichkeiten

Die Planung des Einsatzes einer übergreifenden IT-Lösung ist vor allem mit der Planung der Entwicklung/Anpassung einer Organisationsstruktur verbunden.

Ziel dieser Maßnahmen ist es, die Prozesse zu automatisieren, die Verantwortung für die Leistungserbringung an die Basis zu übertragen und den Zugriff auf die Informationen der Prozessabläufe im Unternehmen für die Leitungsebene transparent zu machen.

Die Tiefe der Datenerfassung und Datennutzung sowie die Anpassung der Bedieneroberflächen des Systems an das im Unternehmen vorhandene Formular- und Berichtswesen sind entscheidend für die Akzeptanz der eingeführten Software durch die Anwender.

Besondere Aufmerksamkeit sollte dem Datenaustausch (Schnittstellen) zu bereits vorhandener Software geschenkt werden.

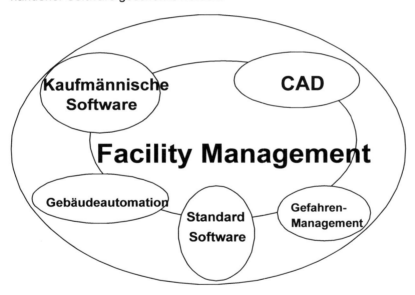

Abb. 3-11: Mögliche Schnittstellen zum Datenaustausch im Unternehmen

Besitzer vieler Immobilien sind mitunter der Meinung, dass die Dienstleister in den jeweiligen Liegenschaften die IT-Werkzeuge für die Erbringung der Dienstleistung selbst zu beschaffen und anzuwenden haben. Dies führt aber zu Inkompatibilität der Systeme, wenn verschiedene Dienstleister in den Gebäuden des Immobilienbesitzers tätig sind. Es besteht auch keine Möglichkeit für den Besitzer/Controller selbst, diese Daten elektronisch effizient zu nutzen. Die Datenstrukturen der unterschiedlichen Softwarepakete passen nicht zusammen. Eine Optimierung der Abläufe ist schwierig.

3.4.2.2 Lastenheft und Pflichtenheft

Im *Lastenheft* sind wesentliche Gesichtspunkte, die bei der Konzeption, der Festlegung des Datenumfanges, der Softwareanpassung, der Schnittstellendefinition und Einführung des TGM von Bedeutung sind, enthalten. Das Lastenheft beschreibt die technischen und wirtschaftlichen Anforderungen an die zu implementierende Soft- und Hardware, d.h. an die IT-Lösung. Es bildet die Aufgaben und die Realisierungswege aller Hard- und Softwarefunktionen ab und soll die Zusammenarbeit zwischen dem Auftraggeber, dem Auftragnehmer und den späteren Nutzern erleichtern. Die Grundlagen für Lösungsvarianten und daran gekoppelter Kostenschätzungen sind systematisch darzustellen. In der Regel behandelt ein Lastenheft folgende Abschnitte:

- Hardware, Netzwerk, Arbeitsplätze,
- Betriebssystem und Grundsoftwareanforderungen,
- Anforderungen an Software für einzelne FM-Module (z.B. Instandhaltung, Vertragsmanagement, Termin und Gewährleistungsverfolgung usw.),
- systemabhängige Dienstleistungen,
- systemunabhängige Dienstleistungen, d.h. die FM-Prozesse,
- Schnittstellen zu anderen Hard- und Softwareprodukten und
- sonstige Anforderungen.

Pflichtenheft

Auf der Grundlage des Lastenheftes wird für die Vorzugsvariante ein Pflichtenheft erstellt. Unter Berücksichtigung der örtlichen Gegebenheiten und vorhandenen technischen Anlagen, Komponenten und Ausführungen müssen alle ausgeschriebenen Merkmale und Anforderungen durch das System realisiert werden. Im Pflichtenheft wird die konkrete Umsetzung der im Lastenheft beschriebenen Anforderungen an die IT-Lösung, bezogen auf das angebotene Produkt, dargestellt. Es werden Lösungswege aufgezeigt, konkrete Screen-shots ausgewählter Eingabemasken, Einstiegsgrafiken, Berichte sowie Navigationswege und Ablaufprozesse zur Genehmigung vorgelegt.

Das Pflichtenheft enthält:

- Fortgeschriebene Funktionsbeschreibungen der wichtigsten Prozesse,
- Erläuterungen zu geplanten Datenbankstrukturen,
- detaillierte und angepasste Beschreibungen der Software,
- vorläufige Softwaredokumentationen,
- Beispiele für Parameterlisten, Textbibliotheken
- Vorschläge zu Masken und Berichten,
- Programmierungskonzepte aller Schnittstellen,

- Datenblätter der einzusetzenden Komponenten,
- fortgeschriebene Übersichten, Grundrisse und Aufstellungspläne,
- Ablaufdiagramme für Programme (Workflow für FM-Prozesse),
- fortgeschriebene Realisierungstermine.

Erst wenn das Pflichtenheft detailliert mit dem Bauherren und den Beratern durchgesprochen und bestätigt ist, kann die Realisierung in einer Pilotphase einen Erfolg bringen. Im Pflichtenheft wird die umzusetzende IT-Lösung klar definiert.

3.4.3 Erfahrungen bei Einführungsprojekten

Die nachfolgenden Punkte sind je nach Umfang der FM-Prozesse unterschiedlich in Inhalt und Umfang auszugestalten. Entscheidend ist der Faktor „Mensch", der in jeden Schritt einzubinden ist. Es ist nicht die Technik allein zu planen, sondern auch die Tätigkeiten im FM-Prozess, die immer eine Mensch-Maschine-Beziehung darstellen. Häufig begegnet man dem bequemeren Vorgehen, von den Möglichkeiten des CAFM-Systems auszugehen, statt von den Notwendigkeiten des Prozesses.

Nachfolgende Schrittfolgen habe sich bei der Einführung einer CAFM-Lösung bewährt:

- Am Beginn muss ein „Leidensdruck" des Kunden stehen. In der Regel ist dies der Wunsch nach einer Verbesserung der Verwaltung oder des gesamten Managementprozesses. Konkretere Ziele sind kaum definiert, weil Kenntnisse des Auftraggebers über das Leistungsspektrum der IT auch nur unvollkommen vorhanden sind. Man sollte vor der Ist-Zustandsanalyse der Verwaltungsprozesse die Betroffenen über die Leistungsfähigkeit der IT-Systeme informieren (Workshop, u.a.). Diese erste Phase dient der Entscheidungsfindung und wird mit der „Gretchenfrage- ob überhaupt erforderlich" abgeschlossen.
- In der nächsten Phase sind die wesentlichsten Prozess-Anforderungen und die Datengrundlagen zusammenzustellen, womit eine Aufgabenpräzisierung und Grobkostenschätzung für ein Lastenheft gemacht werden kann.
- Auf der Basis einer Ziel- und Ist-Analyse ist dann ein Grobkonzept eines IT-Projektes zu erarbeiten. Im Lastenheft werden, ausgehend von groben Zielvorgaben des Auftraggebers, Lösungsvarianten ermittelt. Diese Lösungsvarianten werden inhaltlich und hinsichtlich ihrer finanziellen Konsequenzen dargestellt. Bei entsprechendem Projektumfang sollte einerseits ein Beratungsunternehmen das Lastenheft erstellen. Andererseits muss beim Auftraggeber für die FM-Prozesse eine bestimmte Organisationsstruktur vorhanden sein, die durch die IT abgebildet werden muss (liegt Chaos vor, wird durch IT das Chaos multipliziert!).
- Verteidigung der Varianten und Entscheidung für eine Variante.
- Ausschreibung des Pflichtenheftes.
- Entscheidung für einen Bieter, der einen Prototypen installieren kann, anhand dessen das Pflichtenheft vom Auftragnehmer unter Mitwirkung des Auftraggebers erarbeitet werden kann.
- Erfassung prototypischer realer Daten zu ausgewählten Geschäftsprozessen der zukünftigen IT-Lösung

- Auswertung der Ergebnisse und Verteidigung des Pflichtenheftes zur Systemeinführung
- Ausschreibung des IT-Systems
- Präsentation
- Systementscheidung
- Schrittweise Umsetzung des Pflichtenheftes entsprechend eines Projektplanes

In der nachfolgenden Zusammenfassung (s. Abb. 3-12) haben wir die wichtigsten Phasen und deren zeitlichen Rahmen, bezogen auf ein größeres Unternehmen, dargestellt.

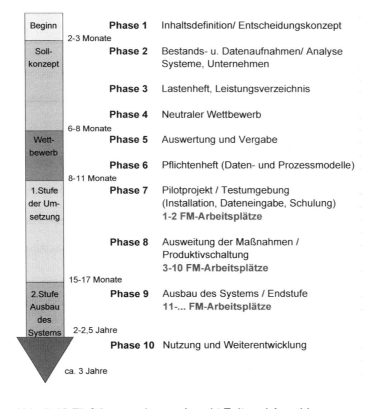

Abb. 3-12 Einführungsphasen Aspekt Zeit und Anzahl

Die lineare Anordnung der Phasen ist eine vereinfachte Darstellung. Zwischen den Phasen gibt es zyklische Prozesse im Sinne einer Ziel- und Aufgabenpräzisierung. Diese Rückkopplung ist zwar bekannt, sie dokumentarisch zu begleiten, aber weit weniger realisiert. Aus diesem Grund soll eine Darstellung unter anderen Aspekten den Leser zur Strukturierung dieses wichtigen Prozesses anregen:

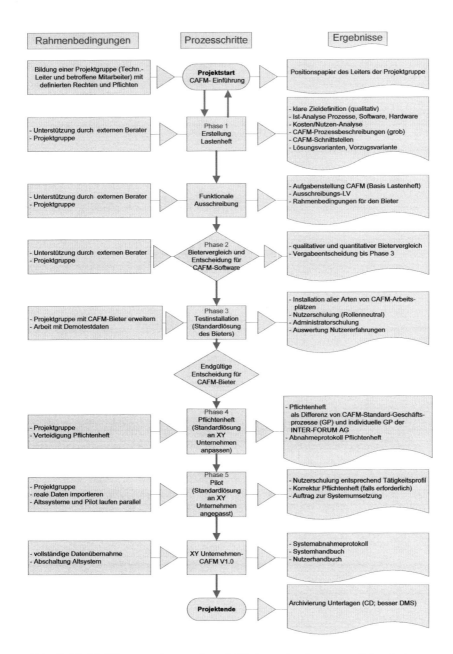

Abb. 3-13: Einführungsphasen Aspekt Rahmenbedingungen/ Ergebnisse

Der Projekterfolg wird hauptsächlich durch die Bestimmung der Aufgaben und Zuordnung von Verantwortlichkeiten entschieden. FM-Prozesse greifen tief in die Geschäftsprozesse des gesamten Unternehmens ein.

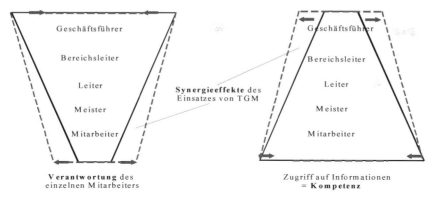

Abb. 3-14: Verhältnis von Kompetenz und Verantwortung im FM

Die steigende Verantwortung der Mitarbeiter für einzelne Teilaufgaben und geschlossene Aufgabenbereiche sowie die Erhöhung des Informationsumfanges der leitenden Ebene ergeben das Potenzial, mit dem ein nach beschriebenen Strukturen aufgebautes Technisches Gebäudemanagement nachweislich Erfolge erzielen kann.

4 Gestaltung von Gebäuden und Anlagentechnik

4.1 Komfort und Behaglichkeit

Der Erfolg einer Immobilie ist zum einen dann gegeben, wenn sie die oben angeführten Individualinteressen

- Funktionalität
- Wirtschaftlichkeit
- Image

bedient. Zum anderen muss sie aber durch die Gebäudenutzer akzeptiert, d.h. angenommen werden. Das entscheidende Kriterium für die Akzeptanz durch den Nutzer lässt sich durch den Begriff der Behaglichkeit beschreiben. Dieser umfasst folgende Teilaspekte:

- thermische Behaglichkeit
- hygienische Behaglichkeit
- akustische Behaglichkeit
- visuelle Behaglichkeit

In welchem Umfang diese Behaglichkeitskriterien mit hohem Niveau und ohne zeitliche Einschränkungen erfüllt werden, hängt vom Komfort der Gebäudeausstattung und -technik ab, d.h. wir haben es mit verschiedenen Komfortstufen zu tun. Das Ziel besteht darin, die jeweilige Komfortstufe mit möglichst niedrigen Gesamtkosten zu realisieren. Darüber hinaus können Zielvorgaben für bestimmte Baunutzungskosten immer nur in Zusammenhang mit bestimmten Ausstattungsniveaus gemacht werden.

Dies soll an einem konkreten Beispiel verdeutlicht werden. Durch Auswertung einer Reihe abgewickelter Projekte mit unterschiedlichen Anforderungen an die Raumqualität wurde untersucht, wie die eingesetzten Investitionen sich auf die Baunutzungskosten und Behaglichkeitsbedingungen auswirken [KUHN, 2001].

Es wurden 5 Raumvarianten aus Sicht der Technischen Ausrüstung definiert. Dabei hat die Variante 1 die geringsten Anforderungen und damit die einfachste technische Ausstattung, und die Variante 5 ist diejenige mit den höchsten Anforderungen und damit mit dem höchsten Ausstattungsniveau.

Raumvariante 1

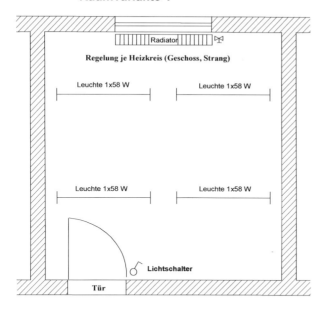

Abb. 4-1: Raumvariante 1

Die Raumvariante 1 enthält:

- zentrale Regelung eines Heizkreises (in der Regel Nord-/Südseite des Gebäudes)
- einfache Beleuchtungsschaltung im Raum je Lichtband

Raumvariante 2

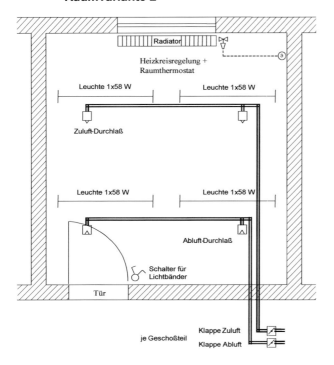

Abb. 4-2: Raumvariante 2

Die Raumvariante 2 hat folgende Ausstattung:

- zentrale Regelung eines Heizkreises
- Beleuchtungsschaltung im Raum je Leuchte
- Zentrale Luftaufbereitung und einfache Luftverteilung je Geschoss

Raumvariante 3

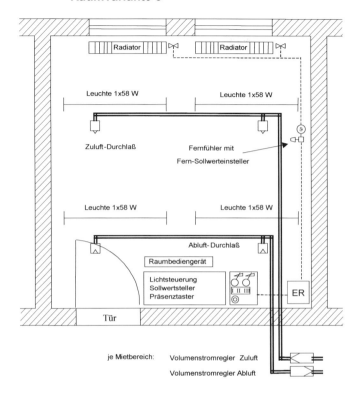

Abb. 4-3: Raumvariante 3

Die Raumvariante 3 entspricht Büroräumen mit mittleren Anforderungen:

- dezentrale Regelung der Heizung im Raum
- Beleuchtungsschaltung im Raum je Leuchte und zentral über DDC-Technik
- Zentrale Luftaufbereitung (Heizen/Kühlen) mit Volumenstromregelung je Raum

Raumvariante 4

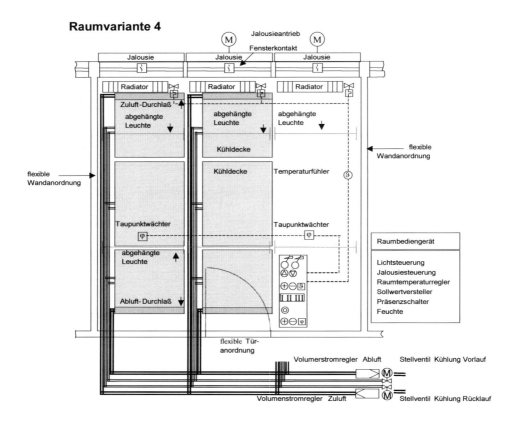

Abb. 4-4: Raumvariante 4 mit flexiblem Raumkonzept

Die Raumvariante 4 entspricht Büroräumen mit hohen Anforderungen:

- achsweise Anordnung und dezentrale Regelung der Heizung im Raum
- Fensterkontakte
- achsorientierte Beleuchtungsschaltung im Raum je Leuchtenreihe und zentrale Steuerung über Zeitprogramme in der DDC-Technik
- Jalousiesteuerung
- dezentrale Kühlung über Kühldecke, Volumenstromregelung je Geschoss und zentrale Luftbehandlung (Heizen, Kühlen, Befeuchten)

Raumvariante 5

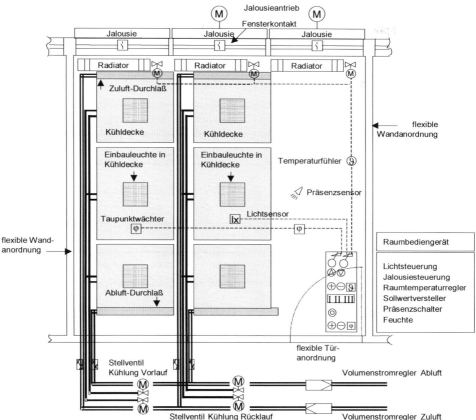

Abb. 4-5: Raumvariante 5 mit flexiblem Raumkonzept

Die Raumvariante 5 entspricht Büroräumen mit höchsten Anforderungen an Komfort und Nutzungsflexibilität:

- achsweise Anordnung und dezentrale Regelung der Heizung im Raum
- Fensterkontakte
- Achsorientierte, tageslichtabhängige Beleuchtungsregelung im Raum je Leuchte und zentrale Steuerung über Zeitprogramme in der DDC-Technik
- lichtlenkende Jalousiesteuerung
- dezentrale Kühlung über Kühldecke, Volumenstromregelung je Geschoss und zentrale Luftbehandlung (Heizen, Kühlen, Befeuchten und Entfeuchten)

Die spezifischen Investitionskosten der Variante 5 liegen gegenüber den anderen Varianten deutlich höher, da die Technik entsprechend der Aufsplittung des Raumes in ein Achsraster eingeordnet wurde. Dies ist mit dem höheren Bedarf an Sensorik, Aktorik und Steuerung-/Regelungsbaugruppen zu erklären. Der Sinn einer Ausstattungsorientierung an einem Gebäude- bzw. Raumraster liegt in der dadurch bedeutend höheren Flexibilität bei künftigen Nutzungsänderungen. Das ist generell eine Anforderung an moderne Gebäude, da aufgrund der Dynamik in den heutigen Wirtschaftsprozessen von sich stetig ändernden Nutzungsanforderungen auszugehen ist. Diese Herangehensweise erfordert zwar zunächst höhere Baukosten. Bezogen auf die gesamten Lebenszykluskosten ergibt sich aber ein Vorteil, da Umnutzungen mit geringerem Kostenaufwand durchgeführt werden können. Außerdem ist davon auszugehen, dass die Kosten für solche Konfigurationen tendenziell mit der häufigeren Anwendung in modernen Gebäuden und der Möglichkeit industrieller Vorfertigung sinken werden.

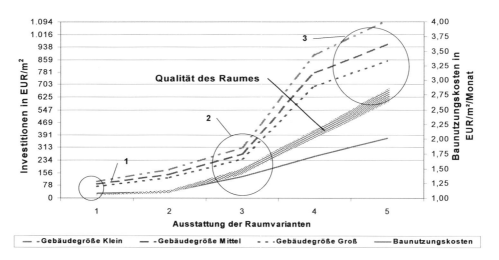

Abb. 4-6: Investitionen und Baunutzungskosten

Die Auswertung der Investitionskosten wurde für Gebäude mit bis 3.000m², mit bis 10.000 m² und mit mehr als 10.000 m² Nutzfläche vorgenommen.

Für ein bestimmtes Komfortlevel lassen sich neben den voraussichtlichen Investitionskosten die zughörigen Baunutzungskosten (rechte Achse) ablesen. Damit erhält der Bauherr/ Investor die Möglichkeit, strategische Entscheidungen bei der Wahl des Komfortlevels und der Ausstattungsvariante unter Beachtung des gesamten Lebenszyklus zu treffen.

4.2 Einheit von Baukörper und Technik

Friedrichs [SCHULTE, 2000] weist darauf hin, dass globale Stoff- und Energieflüsse deutlich gesenkt werden müssen und es auch beim Bauen erheblicher Anstrengungen und vor allem vollkommen neuer lebenszyklus- und nutzungsbezogener Strategien bedarf. Moderne Gebäude zeichnen sich demzufolge durch einen möglichst niedrigen Ressourcenverbrauch sowohl bei der Errichtung als auch beim Betrieb aus. Diese Denkansätze lassen schnell erkennen, dass der Trend zu hochtechnisierten Gebäuden (Friedrichs nennt das ästhetischen Technizismus bzw. extrovertierte Gebäudeaufrüstung) ein Irrweg ist. Durch die ständig steigende Ausstattung, z.B. mit Klimatechnik, steigt der Energieverbrauch von Gebäuden immer mehr an.

Logischerweise ist in den letzten Jahren eine Hinwendung zu sinnvolleren Gebäudekonzepten zu beobachten, bei welchen beispielsweise alte Bauweisheiten (z.B. die von der Bedeutung schwerer Bauteilmassen auf das Raumklima) wiederentdeckt werden. Moderne Gebäude zeichnen sich demzufolge durch eine Einheit von Baukörper und Technik aus, und es ist nicht zwangsläufig so, dass bestimmte Qualitätsstufen des Raumklimas nur durch den massiven Einsatz technischer Systeme erreicht werden können. Solche Gebäudekonzepte erfordern jedoch eine vollkommen andere Herangehensweise schon in der Planung. Insbesondere müssen alle am Planungsprozess Beteiligten zu einem möglichst frühen Zeitpunkt in das Planungsgeschehen eingebunden werden, um die entsprechenden Teilaspekte zu einer hervorragenden Symbiose zusammenzuführen [DANIELS, 1996].

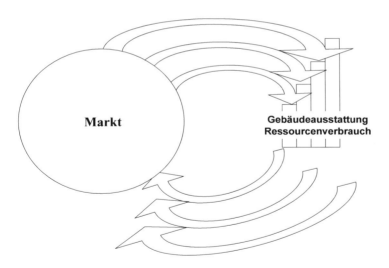

Abb. 4-7: Spirale Gebäudeausstattung/ Energie- und Ressourcenverbrauch

Es ist zu entscheiden zwischen:

- Bauen ohne Masse, sehr leichte Konstruktionen, geringer Materialverbrauch, aber keine Möglichkeit zur Energiespeicherung
- Bauen mit Masse, Möglichkeiten der Energiespeicherung, dadurch Energieeinsparungen

Bauteilspeichermassen können zwei Funktionen haben:

- Wärmespeicherung: im Tagesverlauf anfallende Wärmeenergie wird gespeichert und kann bei niedrigen Außentemperaturen genutzt werden; außerdem hohe Behaglichkeit infolge „warmer Wände".
- „Kälte"-Speicherung: bei hohen Temperaturen werden diese Bauteile aufgeheizt, sie kühlen quasi den Raum; nachts wird die gespeicherte Wärmeenergie durch Luftströmung abgeführt, so dass der Speicher am nächsten Tag wieder zur Verfügung steht.

Damit die Bauteilmassen für den Energieaustausch überhaupt zur Verfügung stehen, dürfen sie nicht durch Abhangdecken oder Verkleidungen abgedeckt werden. Solcherlei Innenbauelemente besitzen meist gute Dämmeigenschaften und würden damit den Energiespeicher gegen den Energieaustausch abschotten.

Zwischen sehr leichten Gebäuden und Gebäuden mit schweren Bauteilmassen können Temperaturunterschiede von 3...4 K erreicht werden [DANIELS, 1996], [SCHULTE, 2000].

Das Bauen mit Masse besitzt insbesondere bei der Vermeidung oder Reduzierung aufwendiger Klimatisierung eine wichtige Bedeutung. Solcher Art natürliche bzw. autogene Klimatisierungskonzepte können mit folgenden Techniken kombiniert werden:

- Bauteilaktivierung, d.h. die gespeicherte Energie wird über Rohrsysteme in die Gebäudekreisläufe eingespeist.
- Natürliche Nachtkühlung, indem Gebäude so gestaltet werden, dass nachts durch Schachtwirkung ein natürlicher Luftstrom die Tageswärme abführt.
- Natürliche Kälteerzeugung durch Brunnen- oder Grundwasserkühlung anstelle von Kältemaschinen.
- Natürliche Kälteerzeugung durch Ausnutzung von Erdkälte, indem im Sommer kalte Luft über im Erdreich verlegte Rohre angesaugt wird, bzw. Ausnutzung der Erdwärme im Winter, indem kalte Außenluft im Erdwärmetauscher vorgewärmt wird.
- Gestaltung des Außenraums, z.B. verhindert entsprechende Bepflanzung die direkte Sonneneinstrahlung bzw. dient als Schallschutz.

Neben dem Aspekt des „Bauens mit Masse" spielt auch die Fassade eine entscheidende Rolle, insbesondere auf die erreichbaren Nutzungsqualitäten (Behaglichkeit) einerseits und die späteren Nutzungskosten andererseits. Aufgrund der Spezifik diesen Themas wird auf die entsprechende Spezialliteratur verwiesen.

4.3 Gestaltung von Gebäudetechnik

In diesem Abschnitt geht es weniger um eine umfassende Darstellung von Gebäudetechnik sondern ausschließlich um jene Gestaltungsaspekte, die in Hinblick auf die Ziele des TGM entscheidend sind. Dabei soll versucht werden, wichtige Trends in der Gebäudetechnik unter diesem Aspekt zu erörtern. Folgende Themen sind von herausragender Bedeutung:

- Energiebereitstellung (Wärme- und Stromerzeugung, Kälteerzeugung)
- Energieanwendungseffizienz
- Gestaltung von Verteilungssystemen
- Gebäudeautomationstechnik

Energiebereitstellung

Aus Sicht des TGM sind die Gesamtkosten der Energiebereitstellung entscheidend, deshalb ergeben sich Anforderungen an die Energiebereitstellung in zweierlei Hinsicht:

- günstige Primärenergiepreise
- effiziente Technologien

Moderne Wärmeerzeugungsanlagen für Gebäude, mit denen diese Zielstellungen erreichen werden können, sind:

- Niedertemperaturkessel
- Gasbrennwertkessel
- Wärmepumpen
- Blockheizkraftwerke (BHKW)

Ob dies im konkreten Einzelfall aber wirklich zutrifft, muss an Hand der jeweiligen Gesamtkosten geprüft werden. Erfahrungsgemäß rechnet sich ein Brennwertkessel unter den heutigen Energiepreiskonstellationen relativ sicher, bei Wärmepumpen und BHKW kommt es auf den Einzelfall an[29].

Kälteerzeugung

Traditionell werden Kompressionskältemaschinen eingesetzt. Alternativ ist zu erwägen, ob der Einsatz von

- adiabater bzw. sorptiver Kühlung
- Brunnenwasserkühlung

---

[29] Generell können solche Aussagen über die wirtschaftliche Sinnfälligkeit bestimmter Technologien nur aus heutigem Blickwinkel und unter Berücksichtigung des derzeitigen Preisgefüges gemacht werden. Dies betrifft beispielsweise auch regenerative Energien, die derzeit nicht wirtschaftlich einsetzbar sind, was sich aber in Zukunft durchaus ändern kann.

- Erd- und/ oder Nachtkühlung

Vorteile in Hinblick auf die Gesamtkosten bringt.

Energieanwendungseffizienz

Hierzu gehören:

- Wärmerückgewinnung bei Lüftungsanlagen
- Drehzahlsteuerung bei Pumpen
- Drehzahlsteuerung bei Lüftern
- Gestaltung von Verteilungssystemen

Das Verteilungssystem bestimmt wesentlich die Nutzungsflexibilität und einen effektiven Anlagenbetrieb. Grundsätzlich sind „nutzungsgerechte Verteilungssysteme" vorzusehen. Deren Merkmale sind:

- Heiz- und Lüftungskreisaufteilung entsprechend den Nutzungszonen im Gebäude
- Voraussetzung für die Regelung der Zonen entsprechend dem jeweiligen Bedarf (Absenken der Raumtemperatur in der Nichtnutzungszeit, Absenken der Luftzufuhr)

Gebäudeautomation

Die Aufgaben der Gebäudeautomation (GA) sind folgende:[30]

- Optimierte Fahrweise der technischen Anlagen unter Berücksichtigung ihres Zusammenwirkens. Durch die GA sind komplexe Steuer- und Optimierungsfunktionen möglich, welche bei herkömmlicher Regelung einzelner Anlagen ohne Berücksichtigung übergreifender Funktionen nicht oder nur unzulänglich realisiert werden können.
- Absicherung der Behaglichkeitskriterien bzw. Einhaltung der Raum-Sollwerte (Raumnutzungsqualität).
- Zurückdrängung von störenden Nutzereinflüssen (beispielsweise fehlerhaftes Lüftungsverhalten oder zu hohe Raumtemperaturen).
- Erhöhung der Verfügbarkeit durch schnelle Reaktion auf Störmeldungen und Ferndiagnose, Fernsteuerung

Ungeachtet dessen bleibt der Mensch der wichtigste Faktor im Gebäudebetrieb, da er zum einen die Gebäudeautomationsanlagen programmiert und parametriert und zum anderen in bestimmten Situation aufgrund seiner Fähigkeit zu emotionaler Intelligenz der Technik überlegen ist. Daraus ergeben sich entwicklungsstrategisch zwei Aspekte, die künftig mehr Bedeutung erlangen werden:

---

[30] s. auch [CANZLER, 1996]

- Entwicklung von an Gebäudeautomationssysteme gekoppelte Expertensystemen, in welchen das Wissen erfahrener Betreiber gesammelt, strukturiert und allgemein verfügbar gemacht wird.
- Die Kopplung von Gebäudeautomationssystemen mit CAFM-Systemen, indem übergreifende Prozesse modelliert und in beiden Systemen entsprechend abgebildet werden. Ein Beispiel ist das Störungsmanagement: In der Gebäudeautomationstechnik werden verschiedene Störmeldungen generiert, die entstehenden Daten werden aber zweckmäßigerweise im CAFM-System dahingehend verwaltet, dass entsprechende Reaktionen auf die Störmeldungen ausgelöst, überwacht, abgerechnet und dokumentiert werden.

Die Informationen der Mess-, Steuer- und Regelungstechnik (MSR-Technik) werden in der Feld- (Sensoren und Aktoren), Automations- (Regler und anlagenbedingte Ablaufprogramme) und Managementebene verarbeitet [Höschele, 1994]. Der Informationskreislauf wird insbesondere bei Nutzung einer Fernüberwachung und Fernanalyse von Anlagen der Technischen Ausrüstung effektiv (s. Abb. 4-8) beherrscht.

Abb. 4-8: Informationskreislauf in der Gebäudeautomation.

Der Einfluss der Gebäudeautomation auf die Gestaltung der Gebäudetechnik wird nicht nur in den Technikzentralen, sondern auch in den Nutzungsbereichen durch die Verwendung von Businstallationen immer deutlicher. Hier spielt neben der Automation der zentralen technischen Bereiche die Automation von Technik im Raum eine wichtige Rolle.

Dabei gibt es zwei Aspekte:

- Durch die Anwendung von Bussystemen in der Elektrotechnik (Beleuchtung, Verbrauchserfassung usw.) und im Bereich der Raumklimatisierung (Lüftung, Heizung, Kühlung) lässt sich eine deutlich gestiegene Flexibilität auf Nutzungsänderungen gegenüber konventioneller Verkabelung erreichen.
- Durch die Automation von Regelungsaufgaben, die im Raum anfallen und auf die der Nutzer in der Regel einen großen Einfluss hat, lässt sich einerseits der Einfluss des Nutzers in Hinblick auf eine energetisch ungünstige Fahrweise der Anlagen zurückdrängen, ohne dass es zu Komforteinbußen kommen muss. Andererseits kann der Nutzer die gewünschten Raumbedingungen so einstellen, dass diese vom System erkannt und fortgeführt werden.

Folgende Raumautomationsaufgaben können im Gebäude gelöst werden [BERING, 2000]:

- tageslichtabhängige Beleuchtungsregelung der Stromkreise über Lichtsensor
- Verschattung/Jalousiensteuerung über Daten der Wetterstation
- Klappensteuerung der Raumlufttechnik nach Nutzungsbedarf
- Sequenzregelung der Temperatur über Kühldeckenstellglieder
- Sequenzregelung der Temperatur über Heizkörperventile (sog. Einzelraumregelung)
- Überwachung der Fensterkontakte
- Nutzungszeit und Präsenzerfassung

Das Raumbediengerät, welches dem Nutzer die Beeinflussung von Raumwerten gibt, wird mit

- der Anzeige der Betriebsart
- der Sollwertkorrektur der Raumtemperatur
- dem Präsenztaster
- der Handbedienung / Dimmung der Beleuchtung und
- der Sonnenschutzsteuerung

ausgestattet.

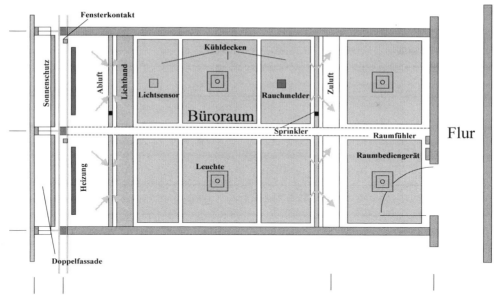

Raumautomation im Büroraum

Abb. 4-9: Raumautomation von Büroräumen

Große Aufmerksamkeit ist der bedienerfreundlichen Gestaltung der Bedienebene der Gebäudeautomation zu schenken. Dadurch wird die Bereitschaft des Betreibers, Energie zu sparen, wesentlich erhöht. Die Übersichts-/Einstiegsgrafiken sollten eine Verzweigung in unterschiedlichste Bereiche der Gebäudeautomation erlauben, um eine kontinuierliche Überwachung des Anlagenbetriebes und der Energieflüsse zu ermöglichen:

- Systemadministration, Zugriffsschutz, Übersicht der Netzwerkstruktur (Buskonfiguration, Feststellung/Verfolgung des Betriebes usw.)
- Alarmbaum, Meldungsjournal
- Geschossgrundrisse mit Informationen der Flurbeleuchtung, der Raumpräsenz, der Raumtemperaturen, der Brandschutzklappen, der Elektrotechnik sowie Standorten der Informationsschwerpunkte
- Anlagengrafiken aller Gewerke mit Historisierung der relevanten Daten
- Raumautomation mit Präsenzüberwachung
- Darstellung von Energieverbräuchen für das Controlling (siehe weiter unten)
- Hilfebibliotheken mit Erläuterungen der grafischen Bedienung (Zeichen und Symbole), der Benutzeradressierung, der Raum- und Gebäudekennzeichung.

Für die operative Ebene des TGM ergibt sich die Aufgabe einer sinnvollen Kopplung zwischen Gebäudeautomationssystem und CAFM-System. Beispielsweise ist zu entscheiden, wie die im Rahmen des Gebäudeautomationssystems generierten Störmeldungen im CAFM-System weiter verarbeitet werden. Dabei erscheint den Autoren eine grundsätzliche Strategie dergestalt sinnvoll, dass

- alle betriebstechnischen Daten (Temperaturen, Luftmengen, Betriebs- und Störmeldungen) im Gebäudeautomationssystem erfasst und im Hinblick auf den konkreten Anlagenbetrieb bearbeitet werden
- alle Informationen (Störung einer bestimmten Anlage, zu benachrichtigender Wartungsdienst, Kostenzuordnung, Dokumentation, usw.), welche in Hinblick auf die Managementprozesse des TGM relevant sind, vom CAFM-System verarbeitet werden

Das Kapitel abschließend möchten wir noch kurz auf die Wichtigkeit der Gestaltung der Gebäude- und Anlagendokumentation hinweisen, da diese eine Grundlage für die Prozessgestaltung in der operativen Phase bildet.

Beispiel für Inhalte einer Gebäudedokumentation:

⇨ **Dokumentationsstruktur (Verzeichnisse, Kennzeichnungssysteme, Formate)**

⇨ **Pläne (Liegenschaft, Grundriss)**

⇨ **Raumbücher**

⇨ **Anlagenkataloge und -dokumentation**

⇨ **Leistungsbücher für Tätigkeiten**

⇨ **Vorgangsdokumentation**

⇨ **Kosten- und Rechnungswesen**

Abb. 4-10 Anforderungen an Gestaltung von Dokumentationen

Im Bereich der CAD-Richtlinien sind zum Beispiel die definierten Layerstrukturen, Kennzeichnungen der Symbole bzw. Objekte und Planbezeichnungen strikt einzuhalten:

Symbol für das FM-Objekt

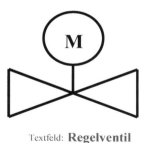

Beispiel:

Attribut 1: **Standort aus CAD**	**Geb_A-C05/F23**
Attribut 2: **Anlagenkennzeichnung**	**RLT_74RV02_...**
Attribut 3: **Bauteilcode**	**480_RV-1234**
Attribut 4: **Datenblatt-Nr.**	**480-12-345**
Attribut 5: **Raumbezeichnung**	**1108**
Attribut 6: **Datenbank-ID**	**1234567890**
Attribut 7: **Symbolbenennung**	**RLT-RV-DN15**
Attribut 8:	....

Textfeld: **Regelventil**

- Symbole, Texte und jedes Attribut werden in separaten festgelegten Layer's gezeichnet.
- Reihenfolge und Benennung der Attribute ist fest definiert.
- Anlagenkennzeichnung ist für das Objekt eindeutig

Abb. 4-11 Beispiel aus einer Symbolbibliothek

5 Optimales Betreiben von Gebäuden und Anlagentechnik

5.1 Energieeinsparung bei Gebäuden

Es ist immer davon auszugehen, dass Gebäude und Gebäudetechnik, auch wenn sie völlig neu errichtet wurden, lediglich die Voraussetzung für den energie- und kostensparenden Betrieb bieten. Der optimale Betrieb selbst muss erst entsprechend organisiert und umgesetzt werden. Daraus ergeben sich also Aufgabenstellungen für vorhandene, durchaus auch ältere Anlagen als auch für vollständig neu errichtete Gebäude und Anlagen.

Zunächst ist allgemein zu analysieren, auf welchen Wegen Energie bei Gebäuden eingespart werden kann. Dies soll am Beispiel der Gebäudeheizung systematisch dargestellt werden[31].

Es wird eine üblicherweise auf das Jahr bezogene Nutzenergiemenge benötigt:

$$Q_{a,N} = \int_{8760h} \dot{Q}_N(\tau) d\tau$$

$$\dot{Q}_N(\tau) = k_{Geb} A_{Geb} (t_i(\tau) - t_a(\tau)) + \dot{Q}_{Lüftung}(\tau) - \dot{Q}_{Geb}(\tau) - \dot{Q}_{iQ}(\tau) - \dot{Q}_{Solar}(\tau)$$

Q_a jährliche Nutzenergiemenge

$\dot{Q}_N(\tau)$ Nutzwärmeleistung zum Zeitpunkt τ

$\dot{Q}_{Lüftung}(\tau)$ Lüftungswärmebedarf zum Zeitpunkt τ

$\dot{Q}_{Geb}(\tau)$ zum Zeitpunkt τ im Gebäude gespeicherte Energie

$\dot{Q}_{iQ}(\tau)$ Leistung innerer Wärmequellen

$\dot{Q}_{Solar}(\tau)$ Leistung Solarenergieeinstrahlung

---

[31] Selbstverständlich verbietet sich in der Praxis eine solch losgelöste Betrachtung, die hier nur aus Gründen der Anschaulichkeit gewählt wird. Gerade bei sehr komplexen Gebäuden mit hohen Komfortanforderungen müssen Wärme- und Kälteversorgung im Zusammenhang betrachtet werden.

k_Geb   mittlerer k-Wert des Gebäudes

A_Geb   Wärme abgebende Hüllfläche des Gebäudes

Um diese Nutzerenergiemenge bereitzustellen, muss die entsprechende Primärenergiemenge umgewandelt werden. Diese ergibt sich:

$$Q_{a,Pri} = \int_{8760} \frac{Q_N(\tau)}{\eta(\tau)} d\tau$$

mit $\eta(\tau)$ als dem Anlagenwirkungsgrad zum Zeitpunkt τ, d.h. also dem Wirkungsgrad bei der jeweiligen Erzeugerleistung.

An Hand dieser Gleichungen erkennt man nun leicht die Einflussfaktoren auf die jährliche Nutzenergiemenge:

Nr.	Einflussfaktor	Beeinflussbar durch	Bemerkung
1	k_Geb	Gestaltung Baukörper und Fassade	Fassadenaufbau Dämmdicken Vermeidung Wärmebrücken
2	A_Geb	Gestaltung Baukörper	Oberflächen-/ Volumenverhältnis (A/V)
3	$\dot{Q}_{Solar}(\tau)$	Gestaltung Baukörper und Fassade	Solararchitektur transparente Wärmedämmung aber: Kühllast im Sommer beachten !
4	□□□)	Wahl der Anlagentechnik Anlagenfahrweise	Kesselwirkungsgrad (bzw. Jahresnutzungsgrad) Leistungszahl (bzw. Jahresarbeitszahl) der benötigten Leistung angepasste Fahrweise der Erzeuger- und Verteilanlagen
5	$\dot{Q}_{Lüftung}(\tau)$	Fassadengestaltung Anlagentechnik Nutzerverhalten	Dichtheit der Gebäudehülle Wärmerückgewinnung/ Solarenergienutzung Lüftungsverhalten
6	$t_i(\tau)$	Nutzerverhalten	Raumtemperaturen Temperaturabsenkung in Nichtnutzungszeiten

Abb. 5-1: Einflussfaktoren auf den Wärmeverbrauch von Gebäuden

Die in den obigen Formeln enthaltene Speicherleistung des Gebäudes hat in der Regel nur einen geringen Einfluss auf die Jahresenergiemenge, da es sich um einen Kurzzeitspeicher handelt. Ungeachtet dessen sind solche Speicher sehr wichtig für die Behaglichkeit (Strahlungswärmeübertragung) sowie für die Abdeckung von kurzzeitig auftretenden Lastspitzen sowohl im Winter (Heizen) als auch im Sommer (Kühlen). Außerdem gehen wir davon aus, dass die inneren Wärmequellen für eine solche Betrachtung irrelevant, da nicht beeinflussbar, sind.

Die Faktoren 1,2,3,5 können durch die Baukörper- und Fassadengestaltung beeinflusst werden, was hier nicht weiter Gegenstand ist. Für das technische Gebäudemanagement sind die Faktoren 4,5,6 von Wichtigkeit, da sie durch die Auswahl und Gestaltung von Technik (siehe oben), aber mehr noch durch eine optimale Betriebsweise und ein entsprechendes Nutzerverhalten beeinflussbar sind. Auf das Nutzerverhalten kann in zweierlei Hinsicht Einfluss genommen werden:

- durch die Anwendung klassischer Managementfunktionen, mit deren Hilfe der Nutzer administrativ oder durch Motivation zu sparsamen Umgang mit Nutzenergie gebracht wird.
- durch den Einsatz von Gebäudeautomationssystemen (z.B. Heizungseinzelraumregelung oder tageslichtabhängige Beleuchtungssteuerung), die im Endeffekt den Einfluss des Nutzers zurückdrängen.

Welche der beiden Methoden im Einzelfall sinnvoller ist, hängt einerseits von der Art des Nutzers ab. Wir unterscheiden zwischen:

- motivierten Nutzern, die selbst ein elementares Interesse an einem niedrigen Energieverbrauch haben (z.B. Bewohner von Miet- oder Eigentumswohnungen) und
- anonymen Nutzern, die kein Interesse an einem niedrigen Energieverbrauch in dem entsprechenden Gebäude haben (z.B. die Gäste eines Hotels, die Schüler einer Schule oder die Sachbearbeiter in einem Verwaltungsgebäude)

Andererseits spielt aber auch die Nutzungsstruktur eine entscheidende Rolle. So macht beispielsweise eine Heizungseinzelraumregelung in einer Schule oder einem Hotel mit jeweils zeitlich sehr unterschiedlich genutzten Räumen mehr Sinn als in einem Verwaltungsgebäude, in welchem alle Räume innerhalb einer bestimmten Zeitspanne genutzt werden.

Zusammenfassend lassen sich also die Einflussfaktoren auf den gesamten Gebäudeenergiebedarf wie folgt nennen:

- Gestaltung von Baukörper und Fassade
- Gestaltung von Gebäudetechnik
- Organisation eines optimalen Anlagenbetriebes
- Beeinflussung des Nutzerverhaltens

Im Rahmen der operativen Ebene des TGM beschäftigen wir uns mit den beiden letztgenannten Einflussfaktoren und konstatieren, dass wir es auch hier mit

Gebäudetechnik und mit klassischen Managementaufgaben zu tun haben. Es lassen sich zwei Schwerpunkte definieren:

- *Anlagenoptimierung*, wobei es darum geht, mit Hilfe ingenieurtechnischer Methoden, die jeweilige Anlage optimal einzustellen, d.h. einen möglichst günstigen Gesamtwirkungsgrad (Betriebsoptimum) zu erreichen.
- *Betreibercontrolling*, d.h. Beibehaltung bzw. ständige Verbesserung des Betriebsoptimums mit Hilfe klassischer Controllingfunktionen.

Nichtinvestive Maßnahmen

Anlagenoptimierung
- Betriebparameter
- Regelalgorithmen
- Absenkzeiten
- Anpassung an Nutzung

Betreibercontrolling
Erhaltung und Verbesserung des gefundenen Anlagenoptimums

Abb. 5-2: Optimales Betreiben

5.2 Anlagenoptimierung

Bei der Anlagenoptimierung besteht das Ziel darin,

- die Betriebsparameter der jeweiligen Anlage so auszuwählen, dass die Anlage bei einem möglichst günstigen Gesamtwirkungsgrad arbeitet. D.h. es müssen Temperaturen, Druck, Heizkurven, Laststufen u.ä. so gewählt werden, dass möglichst wenig Energie zur Erfüllung der entsprechenden Versorgungsaufgabe (z.B. Heizen, Kühlen, Wasserversorgung, Beleuchten, ...) benötigt wird;
- die zeitliche Fahrweise der Anlagen den wirklichen Nutzungszeiten anzupassen, d.h. Energie nur dann bereitzustellen, wenn sie wirklich gebraucht wird;
- Energie auf dem Niveau anzubieten, wie sie benötigt wird.

In Gebäuden lassen sich z.B. folgende allgemeine Ansatzpunkte finden:

- Absenkung von Temperaturen, z.B. Vorlauf in Heizungsanlagen
- Absenkung von Raumtemperaturen/ Solltemperaturen einhalten (i.d.R. 20°C)
- Präzisierung von Nutzungszeiten/ Nichtnutzungszeiten: möglichst Absenkzeiten verlängern
- Laufzeiten von Lüftungsanlagen einschränken, Volumenstromregelung optimieren
- Lüftungsverhalten der Nutzer optimieren

- Außenluftanteil reduzieren
- regelmäßige Reinigung von Wärmeerzeugern und Wärmetauschern
- Beleuchtung auf notwendiges Maß reduzieren
- Reinigung von Leuchtmitteln

Die nachfolgende Abb. 5-3 zeigt die Ergebnisse der Optimierung der Wärmeversorgung eines Krankenhauses mit 40 Einzelgebäuden. Die Gebäude werden durch ein Nahwärmesystem versorgt (ca. 6 MW, Erdgas).

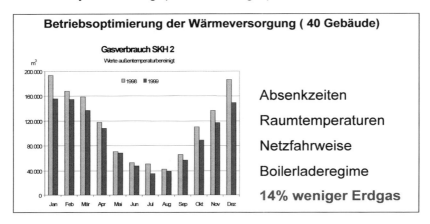

Abb. 5-3: Anlagenoptimierung in einem Krankenhaus

Die beachtliche Senkung des Wärmeverbrauches in diesem Beispiel wurde

- durch eine Verringerung der Raumtemperaturen, die zumeist deutlich über 22°C lagen,
- durch eine Absenkung der Temperatur in Nichtnutzungszeiten,
- durch eine Absenkung der Vor- und Rücklauftemperaturen im Nahwärmenetz und
- durch ein verbessertes Laderegime der Warmwasserbereiter, indem deren Ladung nur in bestimmten Zeitfenstern zugelassen wurde,

erreicht.

Wesentlichen Einfluss auf den Anlagenbetrieb hat die Anordnung der Sensorik und Aktorik der Technischen Ausrüstung.

Als Beispiel dazu kann die Druckregelung von verzweigten Lüftungsanlagen dienen. Die vorgeschriebenen Werte des Druckes werden oft direkt an der Anlage erfasst, nicht am „Schlechtpunkt" des Lüftungskanals. Dies führt eindeutig zu einem höheren Energieverbrauch, da die Verluste der Kanalnetzes dabei nicht berücksichtigt werden.

Schematische Darstellung der Unterschiede zwischen konstanter Druckregelung direkt am Gerät bzw. am schlechtesten Punkt des Netzes.

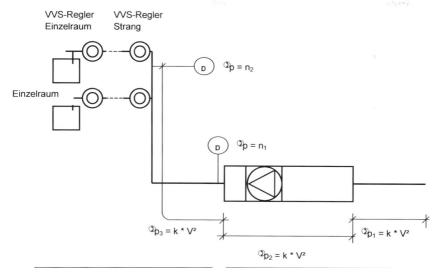

Fall 1: bisheriger Zustand: Die Druckregelung erfolgt unmittelbar am Gerät mit ca. 600 Pa	Fall 2: anzustrebender Zustand: Die Druckregelung erfolgt unmittelbar vor dem VVS-Regler im kritischsten Kanalnetzbereich mit ca. 250 Pa.
$\Delta p_{ges} = \Delta p_{var} + \Delta p_{konst.}$	$\Delta p_{ges} = \Delta p_{var} + \Delta p_{konst.}$
$\Delta p_{ges} = \sum_{i=1}^{2}(k \cdot V^2)_i + n_1$	$\Delta p_{ges} = \sum_{i=1}^{3}(k \cdot V^2)_i + n_2$
$\Delta p_{ges} = 2.500$ Pa	$\Delta p_{ges} = 2.500$ Pa
$n_1 = 560$ Pa	$n_2 = 250$ Pa
$(k \cdot V^2)_{ges} = 1.940$ Pa	$(k \cdot V^2)_{ges} = 2.250$ Pa
für $V_{max} = 1 = 100\%$	für $V_{max} = 1 = 100\%$
$k_{ges} = 1.940$ Nh/m^5	$k_{ges} = 2.250$ Nh/m^5

Wenn für gleichen Förderstrom der variable Druckverlustanteil einer Förderstrecke größer und der konstante Druckverlustanteil kleiner wird, ist im Teillastverhalten ein geringerer Förderdruck vonnöten. Dies führt zu einer Energieeinsparung.

Abb. 5-4: Druckregelung in Lüftungsanlagen

Die Anordnung von Fühlern ist bei Veränderung der Nutzung oder Umbaumaßnahmen an den Anlagen immer wieder zu überprüfen. Zum Beispiel ist bei der Anordnung von Raumtemperaturfühlern Folgendes zu beachten:

- Separat oder im Raumbediengerät?
- Wie reagiert der Fühler auf die Anordnung der Kühldecke, der Luftauslässe bzw. auf die Luftbewegung im Raum?
- Klassisch an der Tür, wo die gewöhnliche Bedienung des Raumes erfolgt. Wie reagiert die Regelung bei geöffneter Tür?
- An der Fassadenwand, wo die äußeren Einflüsse am besten erfasst werden? (Aber Sonneneinstrahlung ?)
- An der Decke im Abluftbereich? (Wie ist hier der Einfluss der Deckenleuchten?)
- Als Tischgerät, beispielsweise eingebaut in eine Telefonanlage?

Aus unserer Sicht ist der letzte Vorschlag optimal, da hier die Messung direkt neben dem Nutzer erfolgt. Hinsichtlich der Anordnung der Lichtsensoren für eine Jalousiesteuerung ist zu beachten:

- Anordnung am Wettermast auf dem Dach? Richtungsabhängig?
- Anordnung an der Fassade? Ist die Verschattung durch Nachbargebäude zu berücksichtigen? Wie sieht die Fassade aus (Doppelfassade, zurückgesetzte Fenster)?
- Sind die Jalousien außen oder innen angebracht?

5.3 Betreibercontrolling

5.3.1 Einführung

Controlling ist ein Prozess, bei welchem ständig erreichte Istwerte mit vorgegebenen Sollwerten verglichen werden. Gibt es Abweichungen, kann sofort gehandelt werden, um die Sollwerte wieder zu erreichen. Controlling ist ein mittlerweile klassisches betriebswirtschaftliches Managementinstrument und lässt sich in vielen Bereichen erfolgreich anwenden.

Das Grundprinzip des Controllings besteht darin, nicht erst zum Abschluss eines Prozesses festzustellen, ob das vorgegebene Ergebnis erreicht wurde, sondern schon während des Prozesses auf die Erreichung des Ziels Einfluss zu nehmen.

Hier setzt Betreibercontrolling an:

- Budgetbildung, d.h. Vorgabe von Verbrauchswerten (Kosten, Leistungen, Energieverbrauch) für das jeweilige Gebäude, aufgeschlüsselt auf Kontrollperioden (Tag, Woche, Monat, Jahr), wobei das Budget ständig der sich ändernden Nutzung anzupassen ist.
- Ständiger Vergleich zwischen erreichten Verbrauchswerten und Vorgabewerten (Soll- / Ist-Vergleich).

- Ursachenforschung und entsprechendes Handeln bei Überschreitung/ Unterschreitung von Vorgabewerten.

Die Einführung des Betreibercontrollings bringt folgende Vorteile:

- Sensibilisierung der Verantwortlichen für die Energieverbräuche und die zugehörigen Kosten;
- Energiekosten können direkt dem Verursacher zugeordnet werden, demzufolge auch der Erfolg von Einsparbemühungen.

Um Betreibercontrolling effektiv durchführen zu können, werden zweckmäßigerweise Softwareprodukte genutzt. Das können sein:

- einfache Tabellenkalkulationsprogramme, in denen beispielsweise regelmäßig (wöchentlich, monatlich, jährlich) der Verbrauch für Elektroenergie, *Wärme*, Wasser usw. erfasst wird und entweder mit Sollwerten oder zumindest mit Vorjahreswerten verglichen wird;
- komplexe FM-Systeme, in denen sämtliche Kosten und Einflussfaktoren des Bereiches Energie- und Medienversorgung gehändelt werden.

Wichtig ist die Darstellung der Controllingergebnisse in übersichtlichen Berichten. In Kosten-Reports geht es einerseits um die exakte Darstellung der Kostenstrukturen mit Angabe der Nutzerbereiche, andererseits sind eingetretene Ergebnisse zu kommentieren und zu dokumentieren (Einsatz/Wegfall von Kosten, Auswirkung von vorgenommenen Maßnahmen, Erweiterung/Reduzierung der Nutzungsfläche usw.). Diese Monatsberichte werden in der Regel der Geschäftsführungsebene des Gebäudenutzers vorgelegt und dienen auch als Nachweis der Erfolge des Technischen Gebäudemanagements.

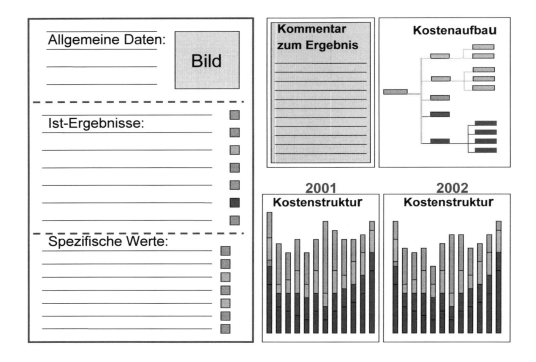

Abb. 5-4: Monatsberichte

Unter den „Allgemeinen Daten" sind Gebäude, Eigentümer, Nutzer, Anschriften, Ansprechpersonen und Gewerkebereiche eingetragen. Die Ist-Ergebnisse beinhalten Kosten, Verbräuche, Flächendaten. Für spezifische Werte gelten z.B. Einheiten, wie Kosten/m², Verbrauch/Nutzeranzahl, Kosten/Betreiberpersonal.

5.3.2   Energiecontrolling

Energiecontrolling ist eine Spezialisierung von Betreibercontrolling. Das Ziel besteht in der Einhaltung von Energieverbrauchssollwerten bzw. in der Überwachung des Energieverbrauches. Es wird folgendermaßen vorgegangen:

- Bildung von Budgetwerten für den Energieverbrauch, aufgeschlüsselt auf das Jahr und den Monat. In der Regel werden die Budgets aus Verbrauchswerten vergangener Jahre ermittelt, wobei zweckmäßigerweise nicht ein Mittelwert, sondern der Bestwert zugrunde zulegen ist. Für ein neues Objekt, bei welchem keine Erfahrungswerte vorliegen, kann der Normverbrauch für die Heizung beispielsweise nach VDI 2067 abgeschätzt werden, zu überlagern ist dann noch der Verbrauch für die Warmwasserbereitung.
- Soll-/ Istvergleich pro Monat und für das gesamte Jahr.

- Zusätzlich ist der tägliche bzw. wöchentliche Energieverbrauch zu überwachen. Aufgrund der Schwierigkeit der Budgetbildung für solch kleine Kontrollperioden werden typische Tagesprofile miteinander verglichen (Beispielsweise die vergangenen vier Montage o.ä.). Verändern sich die Profile, kann auch hier die Ursache für den möglichen Mehrverbrauch erforscht werden.

Die Abb. 5-5 zeigt beispielhaft den Verlauf des täglichen Heizenergieverbrauches über eine Periode von mehreren Wochen für ein Schulgebäude. Im konkreten Fall war auffällig, dass immer an den Sonntagen ein erhöhter Verbrauch zu verzeichnen war, obwohl das Gebäude zu dieser Zeit eigentlich mit abgesenkter Temperatur hätte betrieben werden können. Die Ursachenforschung ergab eine, auf alten Erfahrungswerten mit der früheren Kohleheizung beruhenden, jetzt aber falsche Betriebsweise der Anlage durch den Hausmeister. Durch eine Verlängerung des Absenkbetriebes konnte der Energieverbrauch gesenkt werden.

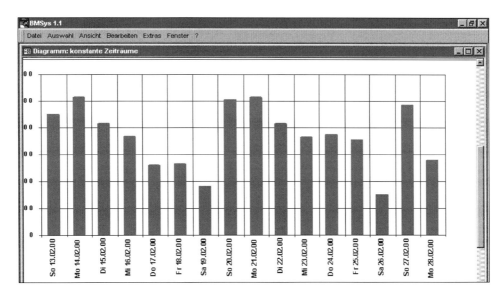

Abb. 5-5: Heizenergieverbrauch eines Schulgebäudes (Linke Achse: kWh/d, untere Achse: die einzelnen Wochentage)

Das Beispiel verdeutlicht, wie allein aus einer qualitativen Analyse der Verbrauchsprofile wichtige Erkenntnisse für einen energieeffizienten Betrieb gebäudetechnischer Anlagen gezogen werden können. Der Vorteil von Betreibercontrolling besteht darin, dass Ursachen für Mehrverbräuche schnell erkannt und beseitigt werden können. Ohne Controlling wäre der Verbrauch im ungünstigsten Fall über eine sehr lange Periode (z.B. Monat oder Jahr) auf einem unnötig hohen Level geblieben.

Ein weiterer Ansatz für Controlling besteht in dem Ziel, die Leistungskosten für den Bezug leitungsgebundener Energieträger

- Elektroenergie
- Erdgas
- Fernwärme
- Wasser

zu senken. Die Leistungskosten werden oft durch den maximalen Verbrauch in einer bestimmten Periode bestimmt, d.h. es besteht das Ziel, die jeweilige Maximalleistung zu begrenzen. Dies erreicht man auf zwei Wegen:

- durch organisatorische Einflussnahme, in dem versucht wird, große Verbraucher zeitversetzt zuzuschalten; dies erfordert Änderungen im Betreiberregime und eine Schulung der betreffenden Nutzer/ Betreiber und/ oder
- durch Lastmanagementsysteme, mit deren Hilfe die zeitversetzte Zu- und Abschaltung von Verbrauchern mit Hilfe eines Regelgerätes automatisch erfolgt. Solche Geräte lohnen sich beispielsweise bei Großküchen, in denen elektrische Kochprozesse ablaufen.

Energiecontrolling hat nicht zuletzt eine psychologische Komponente. Die Erfahrung zeigt, dass bei Gebäuden mit funktionierendem Controlling verbunden mit einer ständigen Information der Nutzer und Betreiber der Energieverbrauch niedriger ist, als ohne Controlling [IDLER, 1992].

5.3.3 Verbrauchserfassung

5.3.3.1 *Allgemeines*

Voraussetzung für das Energiecontrolling ist ein System der Verbrauchserfassung, welches folgende Anforderungen erfüllt:

- Erfassung des Energieverbrauchs nach Energieträgern (Gas, Elektroenergie, Fernwärme usw.) bzw. Lieferanten
- Erfassung des Verbrauchs nach Anwendungsbereichen (Heizen, Kühlen, Lüften usw.)
- Erfassung des Verbrauchs der einzelnen Nutzer

Die erste Anforderung wird in der Regel durch den Lieferanten realisiert. Wichtig für das Controlling ist hier, dass im Rahmen der Energielieferung vereinbart wird, dass der Versorger auch die Verbrauchsdaten per Fernübertragung rechnergerecht zur Verfügung stellt.

Durch das Controlling wollen wir an zwei Punkten zur Energieverbrauchssenkung ansetzen:

- Optimierung der Anlagenfahrweise: hierzu benötigen wir die Verbrauchswerte nach Anwendungsbereichen, d.h. wir wollen letztlich die Wirkungs- und Nutzungsgrade der einzelnen Sparten feststellen und beeinflussen.
- Beeinflussung des Nutzerverhaltens: Hier geht es zum einen zunächst um die verursachergerechte Zuordnung von Verbräuchen. Zum anderen lassen sich durch den Vergleich verschiedener Nutzer untereinander aber Energieeinsparpotenziale finden.

Dies alles berücksichtigend hat es sich in der Praxis bewährt, ein exaktes Verbrauchserfassungskonzept mit Zählerhierarchie, Zählernummer, Messbereich und Druckverlustangaben (bei Wasser) aufzustellen.

Hier eine Übersicht von Standorten der Verbrauchserfassung:

Kältetechnik	Erfassung des Wärmeverbrauchs jeder Kältemaschine bzw. der Kälteerzeugung, Zähleinrichtungen in allen größeren Verbraucherabgängen, separat für Kälte der Lüftungsgeräte, der Kühldecken oder der Umluftkühlgeräte.
Raumlufttechnik	Erfassung des Verbrauches (Elt und Wärme separat) jedes größeren RLT-Gerätes, Einzelraumbe- und -entlüftung jeweils separat nach Nutzungszonen (z.B. Volumenstrommessung, Nutzungszeiten)
Heizungstechnik	Erfassung der Wärmeerzeugung, Wärmemengenzähler in jedem Heizkreis
Gas- oder Fernwärmeversorgung	durch EVU eine Erfassung pro Liegenschaft Einzelgebäude bzw. Nutzungsbereiche über Unterzähler
Elektroenergie	durch EVU Erfassung der Verbrauchsmenge je Nutzer separate Erfassung der Allgemeinbereiche separate Erfassung von größeren Anlagen der Technischen Ausrüstung (Kältemaschinen, RLT-Anlagen, Küchengeräte usw.) an dem Leistungsteil der Informationsschwerpunkte der Gebäudeautomation
Sanitärtechnik	Erfassung der Verbrauchsmenge je Nutzer Separate Erfassung von größeren Verbrauchern im Allgemeinbereich

5.3.3.2 Hardwaresysteme für die Fernauslesung von Zählern

Als Voraussetzung für ein effektives Energiecontrolling müssen entsprechende Hardware-Systeme für die Fernauslesung von Zählern und die Übertragung der Daten in das entsprechende Rechnernetz realisiert werden.

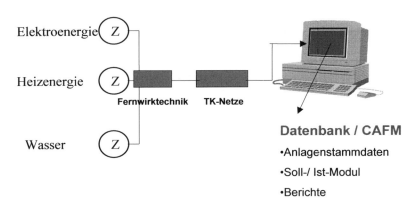

Abb. 5-6: Zählerfernauslesung

5.3.4 Benchmarking

Unter Benchmarking verstehen wir den Vergleich von Verbrauchskennwerten mit denen anderer Gebäude. Hierzu ist es als Ausgangspunkt erforderlich, die Verbrauchskennwerte auf geeignete Gebäudekenngrößen zu beziehen. Gebäudekenngrößen sind in der DIN 277 enthalten. Die eigentliche Schwierigkeit besteht darin, den Verbrauchswert auf eine für die jeweilige Verbrauchsart charakteristische Kenngröße zu beziehen. So kann der Heizenergieverbrauch von Wohngebäuden zweckmäßigerweise auf die Nutzfläche (i.d.R. identisch mit der beheizten Fläche) bezogen werden. Der Elektroenergieverbrauch für RLT-Anlagen (bzw. die Luftvolumenströme) wird jedoch besser auf den Bruttorauminhalt bezogen, da eine Veränderung dieses Wertes den entsprechenden Verbrauch direkt beeinflusst.

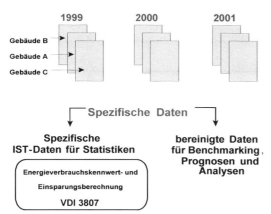

Abb. 5-7: Auswertung spezifischer Daten in den Objekten

Benchmarking macht auch im eigenen Unternehmen Sinn, da beispielsweise der Energieverbrauch aller unternehmenseigenen Gebäude flächenspezifisch miteinander verglichen werden kann. Ausgehend von solch einer Analyse kann systematisch untersucht werden, warum der Verbrauch einzelner Gebäude größer als der vergleichbar anderer ist.

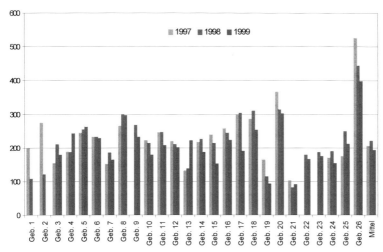

Abb. 5-8: Benchmarking in einem Krankenhaus

Energieverbrauchskennwerte für verschiedene Gebäude, an welchen man sich zunächst orientieren kann, sind in der VDI 3807 enthalten.

5.3.5   Ausgewählte Controlling-Berichte aus einer CAFM-Lösung

Die verschiedenen Vorgehensweisen im CAFM-System werden im Kapitel 7.2 bis 7.3 demonstriert. Wir wollen hier die Tätigkeit des FMr in nachfolgenden Schritten simulieren:

1.Schritt: Auswahl der Verbrauchszählerart

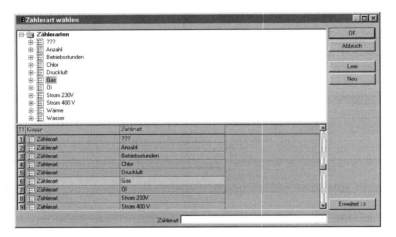

Abb. 5-9: Auswahl Zählerart[32]

---

[32] Die Zählerart „???" wurde im Beispielunternehmen eingeführt, weil es einzelne Zähler gibt, die zu keiner einheitlich bezeichneten Zählstelle zusammengefasst werden können. Durch diese „Wildcard" wird ein namenloses Objekt gebildet und die Sonderzähler können damit zusammengefasst und verwaltet werden.

2.Schritt: Auswahl des Zählers innerhalb der Zählerart bis 230 V.

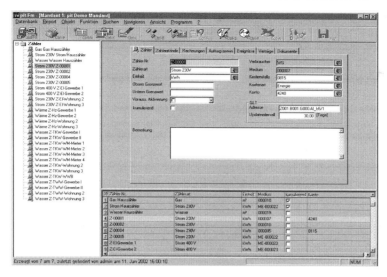

Abb. 5-10: Auswahl des Zählers

3.Schritt: Auswahl des Berichtes

4.Schritt: Erzeugung des Berichtes

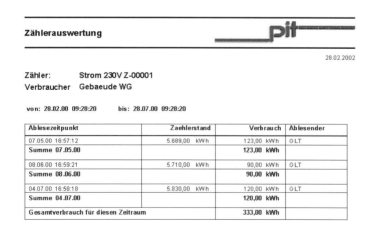

Abb. 5-11: Auswertung Zähler bis 230V über eine Zeitspanne X für ein Gebäude Y

Aus dem Bericht ist ersichtlich, dass die Daten automatisch aus einer GLT ausgelesen worden sind.

81

6 Service- und Einkaufsmanagement

6.1 Keine Technik ohne Management

Das Ziel sind möglichst niedrige Gesamtkosten für die Energie- und Medienversorgung von Gebäuden. Deshalb geht es nicht nur um den Verbrauch an Energie, Medien und Leistungen, sondern auch um deren marktgerechten Einkauf. In diesem Kapitel wollen wir zeigen, dass dies eine komplexe Aufgabe ist, welche mit systematischer Herangehensweise gelöst werden muss.

Im Kern handelt es sich auch hier um die Gestaltung von Managementprozessen:

- Einkauf von Lieferungen (z.B. Energie) und Leistungen
- Wartungs- und Instandhaltungsmanagement
- Vertragsmanagement
- Management von Betreiberpflichten

Jeder einzelne Prozess ist hinsichtlich der Zielstellung und des konkreten Ablaufes zu beschreiben und durch das CAFM-System abzubilden.

6.2 Einkauf von Lieferungen und Leistungen

Lieferungen und Leistungen müssen zu einem möglichst günstigen Preis am Markt eingekauft werden und außerdem termingerecht und in ausreichender Menge. Dabei ist folgendes wichtig:

- Es darf sich nicht um eine einmalige Aktion handeln (quasi zum „Schnäppchenpreis" etwas einkaufen), sondern es geht um das permanente Ausschöpfen der Möglichkeiten des Marktes.
- Ein professioneller Einkauf erfordert Aufwand. Dieser muss am Ergebnis gemessen werden. Es geht also nicht um die krampfhafte Jagd nach jedem Zehntel Cent, sondern um ein vernünftiges Aufwand/ Nutzen-Verhältnis auch beim Einkauf.
- Es geht nicht allein um den niedrigsten Preis, sondern um ein günstiges Preis-/Leistungsverhältnis. So kann es durchaus Sinn machen, zusätzliche Leistungen einzukaufen. Allerdings müssen diese Zusatzleistungen ihren Preis wert sein, und sie müssen vor allem wirklich benötigt werden.

- Interessant sind am Ende nicht der Preis an sich, sondern die wirklich angefallenen Kosten (intern oder extern). Demzufolge muss der Einkauf am wirklichen Ergebnis (also am Ende der Verbrauchsperiode) und nicht am scheinbaren Ergebnis (am Anfang der Verbrauchsperiode) gemessen werden.

Die Struktur des Prozesses „Einkauf von Lieferungen und Leistungen" lässt sich grundsätzlich wie folgt beschreiben:

1. Analyse des Bedarfs nach Umfang (Menge, Leistung bzw. Intensität) und zeitlicher Struktur

2. Aufstellen von Zielvorgaben an Hand von Marktanalysen bzw. Statistikdaten eigener Anlagen

3. Darstellung des Bedarfs in einer verständlichen Spezifikation (z.B. VOB-gerechtes Leistungsverzeichnis, funktionale Leistungsbeschreibung o.ä.)

4. Organisation eines Ausschreibungsverfahrens (beschränkt, öffentlich, nach eigenen Richtlinien oder nach Richtlinien der öffentlichen Hand)

5. Auswertung von Angeboten nach Preis und Leistung

6. Ggf. Verhandlung (soweit nach Vergabeverfahren zulässig)

7. Vergabe

8. Prüfen der Vertragserfüllung nach Vergabe

9. Wiedereinstieg bei 1. oder 2.

Insbesondere der Punkt 8 verdient große Aufmerksamkeit, da gerade Wartungsleistungen oftmals einfach pauschal vergeben werden und dies ohne, dass kontrolliert wird, welche Leistungen man für den Pauschalpreis eigentlich erhält. Abgesehen davon, dass durch die Pauschalvergabe kaum der wirklich notwendige Leistungsumfang ermittelt und fixiert werden kann.

Einkauf von Energie

Grundlage des Energieeinkaufes ist eine nutzungsorientierte Mengenermittlung aller erforderlichen Medien. Als weiterer Schritt ist der Vergleich der Medienarten und die Beurteilung der eventuell möglichen Verschiebung zwischen dem Bedarf an Gas, Öl, Fernwärme, Elektroenergie.

Für den effizienten Energieeinkauf ist eine kurzfristige Abrechnung aller Kosten zwecks Reaktion auf Kostensteigerungen von großer Bedeutung. Dies unterstreicht die Bedeutung des Energiecontrollings.

Vor der Gestaltung der Energieverträge in bestehenden Gebäuden ist neben der Überprüfung der bestehenden Energielieferungsverträge die Aufstellung eines Kataloges für durchführbare Maßnahmen zur Energieeinsparung sinnvoll.

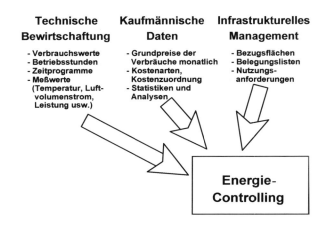

Abb. 6-1: Datenbasis für Energieeinkauf und -controlling

Der Einkauf von Energie wird in einem Großunternehmen überregional erfolgen. Dazu dienen Konsortialverträge. Sie vereinbaren in einem Rahmenvertrag die Lieferung von Energie an alle Konzernteile, unabhängig von der territorialen Anordnung.

6.3 Zielorientiertes Wartungs- und Instandhaltungsmanagement

6.3.1 Ausgangssituation

Die Analyse von Wartungs- und Instandhaltungskosten ausgeführter Anlagen zeigt, dass diese etwa 20-30% der Gesamtbetriebskosten betragen. In gleicher Höhe kommen die Medienverbräuche dazu [CREIS, 2001], [GRIMMER, 2000]. Hier sind Einsparpotenziale zu suchen, ohne die Qualität der Technischen Ausrüstung zu beeinträchtigen.

Für diesen Prozess sind folgende Aspekte wichtig:

- Auswahl der Instandhaltungsstrategie
- Ermittlung der notwendigen Wartungs- und Instandhaltungsleistungen
- Gestaltung von Anlagen hinsichtlich Zugänglichkeit und Bedienbarkeit
- Beschreibung dieser Leistungen in Leistungsverzeichnissen als Voraussetzung für einen professionellen Einkauf
- Organisation der Durchführung der Leistungen

6.3.2 Instandhaltungsstrategien

Die Instandhaltung wird in der Regel nach folgenden Kriterien durchgeführt:

- nach festgelegten Zeitintervallen (für mehrere Anlagen eines Gewerkes mit einem Team von unterschiedlichen Spezialisten – z.B. Elektro, HLKS, MSR – oder für mehrere Anlagenteile – z.B. Pumpenlager, Kälteregister – durch einen Fachmann)
- nach abgelaufenen Betriebsstunden (für ganze Anlagen durch ein Spezialistenteam oder für Anlagenteile – z.B. Filter – durch einen Mitarbeiter)
- nach Störungsausfall (z.B. für Anlagen, die zum Austausch oder zur Sanierung vorgesehen sind)

Die unterschiedlichen Möglichkeiten des Einsatzes des zur Verfügung stehenden Personals für Wartung und Instandhaltung sollte den Unternehmensstrukturen des Kunden und des Dienstleisters angepasst werden [BUCHHOLZ, 1997]. In Abhängigkeit davon, welche Dienste erbracht werden, ist der Einsatzplan zu erstellen. Die Teilleistungen dürfen nicht isoliert betrachtet werden.

6.3.3 Ermittlung notwendiger Wartungs- und Instandhaltungsleistungen

In jedem Objekt ist auf der Grundlage der Anlagenkomplexität ein sinnvoller Wartungs- und Instandsetzungsumfang festzulegen. Dieser hängt u.a. von der Qualität der über die jeweilige Anlage vorhandenen Informationen ab. Als Beispiel soll hier der maximal zur Verfügung stehende Informationsumfang einer Pumpe dienen (s. Abb. 6-2).

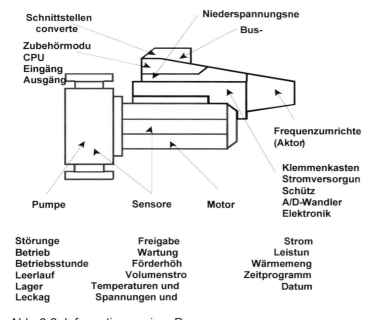

Abb. 6-2: Informationen einer Pumpe

Der in der CAFM-Lösung abzubildende Informationsumfang hängt damit von den Prozessziele einerseits und den verfügbaren Informationen andererseits ab.

Auf Basis solcher Informationen kann nach Ablauf einer festgelegten Betriebsstundenzahl die Wartung um einen Zeitrahmen verschoben werden, sofern keine Störungen und Grenzwertüberschreitungen gemeldet wurden. Wenn Betriebsstundenerfassung und Störmeldungen nicht vorliegen, kann nur im festgelegten Zeitraster gewartet werden.

6.3.4 Gestaltung von Anlagen hinsichtlich Zugänglichkeit/Bedienbarkeit

Die bedienerfreundliche und zugängliche Anordnung der technischen Anlagen und deren einzelnen Komponenten im Gebäude spielen für die Kosten der Instandhaltung eine wesentliche Rolle. Ausreichender Platz für den Ausbau einer Pumpe, eines Fühlers, aber auch für das Inspizieren und Ablesen von Mess- und Anzeigeeinrichtungen sind die Voraussetzung für effiziente Wartung und Instandhaltung.

Abb. 6-3: Bedienerfreundliche Anordnung der Lüftungsgeräte

Oft wird in Gebäuden zu ungunsten der Technikflächen mit Platz gespart, um die vermietbare Fläche möglichst groß zu gestalten. Dies bringt zwar höhere Mieteinnahmen, kann aber dazu führen, dass diese Mehreinnahmen mit einem erhöhten Wartungsaufwand teuer erkauft werden.

Abb. 6-4: Platzbedarf für Instandhaltung in der Kältetechnik

6.3.5 Spezifizierung von Wartungs- und Instandhaltungsleistungen

Die Kosteneinsparungen durch eindeutige Leistungsverzeichnisse sind oft erheblich. Hinzu kommt, dass durch die eindeutige Spezifikation auch die Erfüllung der vertraglich vereinbarten Leistungen genau kontrolliert werden kann.

Wartungs- und Serviceleistungen werden in der Regel für einen Zeitraum von 2 bis 3 Jahren vergeben.

Folgender Inhalt sollte in einer kompletten Verdingungsunterlage ausgewiesen werden:

- Allgemeine Wettbewerbsbedingungen (Ausführungsfristen, Bietererklärungen usw.)
- Beschreibung des betreffenden Objektes, Nutzeranforderungen
- Personalfragen (Arbeitszeiten, einzusetzende Kapazitäten, Anforderungen an Qualifikationen usw.)
- Vertragsgrundlagen
- Beschreibung der zu erbringenden Leistungen (positionsweise, VOB-gerecht)
- Dokumentationen (Nachweis der eigenen Leistungen und des Betriebes, Datenpflege)
- Besonderheiten des Objektes (CAFM-Anforderungen, spezielle Forderungen im Vorhaben usw.)
- Unterlagen zum Vorhaben (Grundrisse, Detailzeichnungen ...)

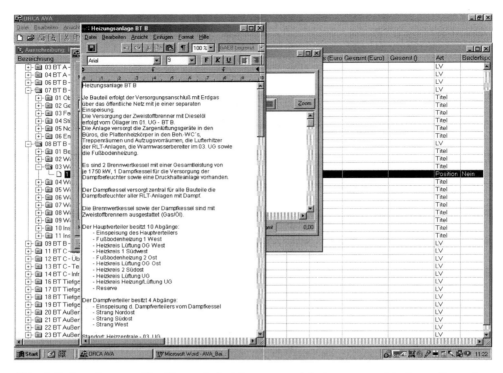

Abb. 6-5: Auszüge aus Positionen in Leistungsverzeichnissen verschiedener Gewerke

6.3.6 Organisation der Leistungsdurchführung

Unter Auftrag (bzw. Prozess) wird hier eine zeitlich überschaubare Aufgabenkombination mit definiertem Leistungsumfang und klarer Zielstellung verstanden. Arbeitsaufträge können sein:

- Störungsbeseitigungen
- Bedien- und Kontrollgänge (Personal unterbricht den Rundgang bei Notwendigkeit einer Störungsbeseitigung)
- Instandsetzungs- und Umbauarbeiten
- Wartungsarbeiten
- Ereignisabhängige Arbeiten (nicht dringende Störungen, Kleinreparaturen)

Der Ablauf der Wartungs- und Instandhaltungsprozesse gliedert sich folgendermaßen:

1. Generierung einer Meldung für die Auftragsauslösung

2. Auftragserteilung, Terminierung

3. Auftragsannahme

4. Auftragsausführung

5. Quittierung und Neufestsetzung des folgenden Termins bei periodischen Aufträgen

6. Auftragsabrechnung und Kostenzuordnung

7. Dokumentation

In der Abbildung (Abb. 6-6) ist als Beispiel ein Grundgerüst eines solchen Ablaufprozesses dargestellt. Jeder der Einzelkreise (Unterprozesse) kann als ein selbständiger Prozess mit eigenen Unterprozessen betrachtet werden. Zwischen den Prozessteilen sind Entscheidungen des Menschen oder Datenabspeicherungen in der CAFM-Lösung erforderlich.

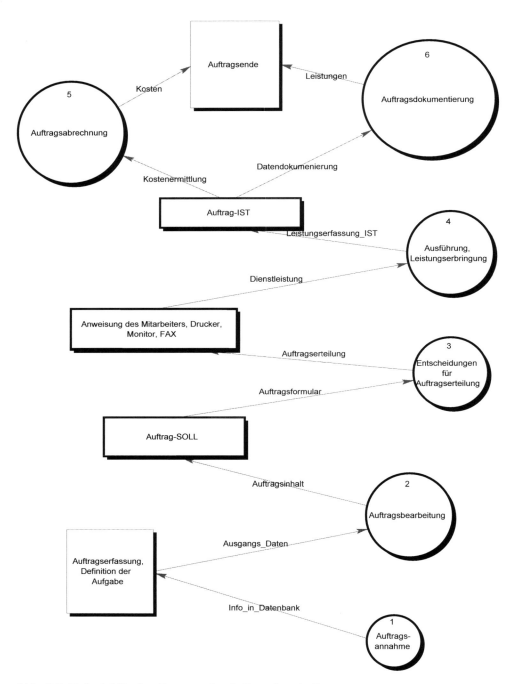

Abb. 6-6: Beispiel für den Prozess der Auftragsbearbeitung

6.4 Vertragsmanagement

In Zusammenhang mit den technischen Anlagen existieren folgende Verträge

- Energielieferverträge
- Wartungsverträge
- Reparatur- und Instandsetzungsverträge
- Mietverträge/ Nutzungsverträge
- Beraterverträge
- Ingenieurverträge
- Verträge über Dienstleistungen
- Versicherungsverträge
- u.a.

Jeder Vertrag enthält eine Vielzahl von Informationen:

- Vertragspartner
- Vertragsgegenstand
- Konditionen, Preise
- Laufzeit

Diese Informationen müssen im CAFM-System systematisiert und den Prozessbeteiligten verfügbar gemacht werden. Dabei sind insbesondere Terminwarnfunktionen der Software zu integrieren, um beispielsweise auf das Auslaufen von Verträgen oder auf zeitabhängig sich ändernde Konditionen rechtzeitig reagieren zu können.

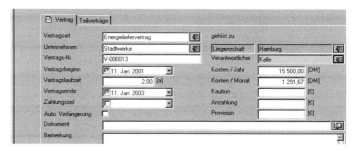

Abb. 6-7: Bildschirmmaske eines CAFM über Arten der Verträge

6.5 Management von Betreiberpflichten

Aus dem Betrieb von gebäudetechnischen Anlagen ergeben sich umfangreiche Betreiberpflichten. Grundlagen sind folgende Gesetze, Verordnungen und Prüfpflichten:

- Baugesetzgebung
- Gewerbeordnung
- Unfallverhütungsvorschriften
- Bundesimmissionschutzgesetz und entsprechende Verordnung
- Normen, Richtlinien (z.B. DIN, VDI, VDE)
- keine gesetzliche Prüfpflicht, aber Herstellervorgaben

Die geltende Baugesetzgebung wird in Deutschland durch die Landesbauordnungen repräsentiert.

Die Gewerbeordnung nennt im §24 überwachungspflichtige Anlagen, welche regelmäßig durch Sachverständige (z.B. TÜV) zu prüfen sind.

Unfallverhütungsvorschriften werden von den einzelnen Unfallversicherungsträgern (Berufsgenossenschaften, Unfallversicherungsträger der öffentlichen Hand) erlassen. Die Unfallverhütungsvorschriften sind Rechtsvorschriften, die direkt Unternehmer und Versicherte verpflichten. Sie enthalten sicherheitstechnische Forderungen für Arbeitsplätze und Anforderungen an betriebliche Einrichtungen wie Arbeitsmittel, Arbeitsverfahren, Anlagen, Geräte usw., verlangen Anordnungen und Maßnahmen des Unternehmers zur Unfallverhütung, beschreiben Verhaltenspflichten für die Beschäftigten, legen die notwendigen arbeitsmedizinischen Vorsorgeuntersuchungen fest und regeln Fragen zur innerbetrieblichen Arbeitsschutzorganisation im Rahmen der Arbeitsschutzgesetzgebung [PREUß, 2000].

Die Umsetzung des BImSchG[33] erfolgt in einzelnen Verordnungen. Für Gebäude ist i.A. die 1. BImSchV[34] maßgeblich, in welcher Abgasgrenzwerte und deren regelmäßige Überprüfung festgelegt sind.

Betriebswirtschaftlich stellt die Nichtbeachtung der genannten Prüfpflichten ein Kostenrisiko dar. Aus dem Nichtbefolgen können z.B. Kosten für Bußgelder, aber auch persönliche Haftungsrisiken für die Verantwortlichen resultieren.

Das Nichtbefolgen von Herstellervorgaben kann zum Erlöschen der Gewährleistung und damit zu immensen Folgekosten bei Anlagenausfällen führen. Hierzu zählen Schadensersatzansprüche und Schadensfolgekosten.

---

[33] Bundesimmissionsschutzgesetz

[34] Erste Bundesimmissionsschutzverordnung

Neben dem entsprechenden Versicherungsschutz ist vor allem Vorsorge über das Managementsystem zu treffen. Im CAFM-System sind die Termine und die damit verbundenen Handlungsketten abzubilden. Dies geschieht analog zum Vertragsmanagement.

Gerade die Verfolgung dieser Pflichten bei Betreiberkonzepten, in denen das gesamte Facility Management weitestgehend ausgelagert wurde (Modell 3, siehe Kapitel 3), zeigt die Bedeutung der o.g. Controlling-Instanz und die damit realisierte Sicherung des Mindest-Know-hows im eigenen Unternehmen.

7 Informationsmanagement und IT-Konzepte

7.1 Grundlagen von IT-Systemen und Konsequenzen für IT-Lösungen

7.1.1 Elementarbausteine eines IT-Systems

Die Beschäftigung des Facility Managers mit Software ist dann besonders intensiv, wenn sie ihm Probleme bereitet – wenn das Hilfsmittel plötzlich Stressmittel ist.

Wenn ein Programm nicht das leistet, was von ihm erwartet wird, dann kann dies mindestens zwei Gründe haben:

- der IT-Projektant/ Berater oder Programmierer hat den Kunden (Nutzer) und dessen Aufgabe nicht vollständig verstanden oder
- der Nutzer hat seine Aufgaben im Zusammenhang mit dem Programm noch nicht richtig erfasst.

In diesem Kapitel möchten wir Grundlagen von IT-Systemen und Wege zu CAFM-Lösungen darstellen.

Die Nutzung der Rechentechnik beruht auf Abstraktionen. Vom Programmentwickler und vom Programmnutzer sind die Fähigkeit zur Abstraktion, der Erkenntnis des Wesentlichen, gefordert.

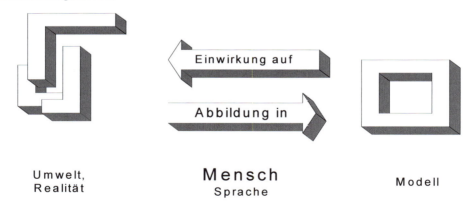

Abb. 7-1: Beziehung Realität-Modell

94

Eine Abstraktion ist die Abbildung der Realität in Modellen, die auf der Basis jederzeit reproduzierbarer (invarianter), beobachteter Merkmale erfolgte. Abstraktion ist geistig-schöpferische Arbeit, mit der sich der Mensch in seiner Umwelt orientiert, Schlüsse zieht und damit zweckorientiert handelt. Der Handlungserfolg eines Menschen hängt wesentlich davon ab, ob seine Abstraktion dem Handlungsziel adäquat ist.

Die objektive Realität im Zusammenhang mit der Modellbildung wird häufig als Entität bezeichnet. Dieses Kunstwort bezeichnet einen wichtigen und nicht einfachen Sachverhalt. Eine Entität ist ein Ausschnitt der Realität, der durch die Abbildungsziele definiert wird. Aus der unendlichen Vielfalt an Merkmalen eines realen Sachverhaltes werden nur die Merkmale betrachtet, die mit der Zielstellung des Handlungsprozesses in Beziehung stehen. Dieser Zusammenhang hat fundamentale Bedeutung nicht nur für IT-Programme, weil oftmals fälschlicherweise die Abbildung mit dem Abgebildeten gleichgesetzt wird (Beispiel s. 7.1.2).

Der Abbildungsprozess für IT-Programme verläuft folgendermaßen:

- Prozessmodell
- Datenmodell
- Funktionsmodell
- Darstellungsmodell

Diese Modelle sind immer Sichten der Entwickler und Nutzer auf die gleiche Realität, mit dem jeweiligen Zweck, die komplexe Realität mit den Mitteln der IT zu beherrschen.

Bevor wir diese Modelle diskutieren (s. Kap. 7.1.5), sollen einige theoretische Grundlagen dargestellt werden.

Die Grundbausteine aller Modelle sind sogenannte Begriffe. Begriffe entsprechen

- Systemen,
- deren Teilsystemen, bis hinunter zu
- elementaren Bausteinen in der Modellwelt sowie
- den sie verbindenden Relationen.

Begriffe bilden demzufolge Entitäten ab, die reale Objekte oder selbst Modelle sein können. Beispiele aus FM-Prozessen sind die Begriffe „Arbeitsauftrag" und „Kennwert x von y".

Diese Begriffe haben nicht immer etwas mit den „Begriffen der Sprache" zu tun, sie sind zunächst nichtsprachlicher Natur. Nach unten wie nach oben ist die Komplexität – die „Größe" oder „Feinkörnigkeit" der Begriffe begrenzt.

So ist es im Rahmen des TGM nicht sinnvoll, einen Heizkessel durch Modellierung aller Eisen- und sonstigen Atome und ihrer Relationen aus denen er besteht, zu beschreiben. Es ist aber sehr wohl sinnvoll für die Verwaltung von Wartungszyklen, ihn als ein System von Kessel, Brenner usw. darzustellen. Daran ist zu sehen, dass Modellbildung primär von den Handlungszielen bestimmt wird. Daraus folgt, dass es selbst für den gleichen Sachverhalt weder „das Modell" noch „das Programm" geben kann (wenn Handlungsziele sich unterscheiden).

Damit die abgebildete Realität (Objekte) von allen Beteiligten gleichermaßen und zuverlässig interpretiert und genutzt werden können, gibt es Sprachen. Man unterscheidet:

- die natürliche Sprachen,
- die darauf aufbauenden Fachsprachen sowie
- die formalen Sprachen, mit denen Menschen technische Systeme steuern und beschreiben.

Die Verständigung der Menschen untereinander und mit informationstechnischen Systemen findet mit Hilfe der Sprachen statt. Durch die Sprache können Modelle und deren Eigenschaften kommuniziert werden.

Aufgrund des hochgradig assoziativen Charakters der menschlichen Informationsverarbeitung verwendet die natürliche Sprache assoziative sprachliche Begriffe, die wenig formal geregelt zu sein scheinen. Dies wird oft mit dem negativen Attribut „vage" charakterisiert gegenüber dem hochpräzisen Code von Programmtexten.

In Wirklichkeit gewinnt der menschliche „Prozessor" damit ein Vielfaches an Mächtigkeit gegenüber einer Maschine, die zur Beschreibung der Modelle auf formalen Text in „ihrer" beschränkten Sprache festgelegt ist und sofort versagt, wenn ein einziges Bit nicht stimmt.

IT-Programme beruhen auf Kunst-Sprachen, deren Ausdrücke für die Maschine exakt formalisiert und präzise sind. Dennoch sind sie immer Modelle zu bestimmten Aufgabenstellungen und Weltausschnitten. Ein Vorteil der maschinell-logischen Repräsentation ist, dass hier wieder stärker Begriffe dargestellt werden können, für die es gar keine natürlichsprachliche Entsprechung gibt. Dieser Umstand führt sehr leicht zu Fehlinterpretationen bei der Nutzung komplexer Informationssysteme, z.B. von CAFM. Ein Beispiel ist die häufige Aussage „Programm X hat eine Schnittstelle zu Programm Y". Eine Schnittstelle kann eine triviale oder auch sehr komplexe Transformation von X nach Y sein, so dass die obige Aussage keine qualifizierte Information enthält. Nicht selten enthalten Ausschreibungen zum CAFM Fragestellungen einer exakt beschreibbaren Qualität.

Die Begriffsbausteine treten dem Entwickler bzw. Nutzer einer IT-Lösung im allgemeinen in der Benutzerschnittstelle des IT-Systems entgegen, sei es als Programmiersprache, als Fenster/Hypertext-Oberfläche mit bestimmten Menüs und Strukturen, als Masken einer Bedienoberfläche oder als Klassen einer Klassenbibliothek von objektorientierten Programmierwerkzeugen.

Findet der Nutzer in dem Programm seine Begriffswelt nicht vor, erschwert es ihm das Finden oder Repräsentieren seiner Begriffe, seines Modells. In einem solchen Fall ist dieses Programm wahrscheinlich nicht für den Zweck nutzbar, den er im Auge hat. Es hilft nichts, ein Programm zu nehmen, „weil es gut ist", „weil es modern ist", „weil es alle nehmen" usw., es muss *problemadäquat* sein. Die „natürlich sprachliche" Begriffswelt muss sich in den formalen Begriffen des Programms wieder finden.

Die Begriffsbildung ist der anspruchsvollste und folgenschwerste Prozess bei der Entwicklung eines Programmsystems und der darauf aufbauenden Lösung. Entwurfsfehler begleiten ein Programm oftmals bis an sein Ende. Werden Begriffe bei einer Umprogrammierung geändert, so führt dies zu erheblichen Veränderungen in der vorliegenden Daten- und Programmstruktur. Getrieben von der Hoffnung auf eine weit elegantere, mächtigere, leistungsstärkere Problemlösung entsteht die Gefahr der so genannten Daten-Inkompatibilität zur Umwelt. Das Ergebnis sind dann leistungsfähige Insellösungen, die das Gesamtsystem (z.B. Unternehmens-IT) deutlich ausbremsen.

Aus diesem Grunde, sollen einige erkenntnistheoretische Grundlagen dargestellt werden, die dazu dienen, die Erwartungshaltung an ein Programm zu relativieren, d.h. weder zuwenig noch zuviel, von einer Software zu erhoffen.

Formale, sprachliche Begriffe haben folgende Merkmale:

- sie haben einen *Inhalt* (auch Bedeutung oder Semantik – etwa die Wirkung, die Sätze der Sprache in einem informationsverarbeitenden System oder bei einem Menschen hervorrufen) – die intensionale Interpretation
- sie haben einen Gültigkeitsbereich (*Umfang*) in einer Umwelt – die extensionale Interpretation
- sie haben eine *Syntax* (Regelwerk der Anordnung der Zeichenfolgen, eine formale Repräsentation)
- sie haben einen *Namen* (auch Bezeichnung genannt)
- sie haben einen *Zweck* (Pragmatik)

Daraus entwickeln wir eine allgemeine grafische Darstellung, die dann auf beliebige konkrete Begriffe angewendet werden kann.

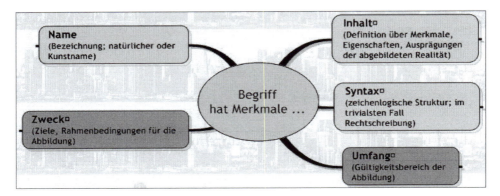

Abb. 7-2: Dimensionen des Begriffes „Begriff[35]"

<mark>Umgangssprachlich spricht man häufig davon, dass jemand einen falschen Begriff gewählt hat.</mark> Im übertragenen Sinn kann man einen Begriff durch „y = f(x)" darstellen. Diese Aussageform ist weder wahr noch falsch. <mark>Begriffe haben *keinen Wahrheitswert*, sondern sind nur *zweckmäßig oder unzweckmäßig*</mark>. Erst die Ersetzung der Variablen durch Konstante führt zu einer prüfbaren Aussage und damit zum Wahrheitswert. In diesem Sinne liefern Datenbanken immer wahre Aussagen, jedoch

- kann deren Interpretation durch den Menschen falsch sein oder
- der Datenbank liegt ein unzulängliches Modell zugrunde.

In diesem Sinne könnte auch der Begriff „Facility Management" auf seine Dimensionen und Zeckmäßigkeit hin untersucht werden.

Die Zweckmäßigkeit kann man u.a. an der Trennschärfe eines Tätigkeitsprofils gegenüber anderen Tätigkeitsprofilen, eines Ausbildungsprofiles gegenüber anderen Profilen erkennen. Damit hat seit „Geburt" des Begriffes FM die Branche Schwierigkeiten.

Vielleicht könnten alle bestehenden Bereiche, wie Technik, Kaufmännisch, Infrastrukturell usw.(„okkupiert" im FM) in der Objektebene weiter bestehen bleiben und das FM wird auf eine Metaebene gehoben und managet damit im wesentlichen die Schnittstellen der Objektebene?

Begriffe in unserer Branche sollten handlungsorientierend sein. Dazu nun ein elementares Beispiel, das nach Beobachtung des Autors in kaum einer Datenbanklösung/ Anwendungsprogramm Beachtung findet.

7.1.2 Begriffsbildung an einem einfachen Beispiel

Jedes IT-Programm, das eine Adresse zu verwalten hat, verwaltet zwangsläufig Telefonnummern. Der Leser kann sich unter dem Aspekt, wie werden die Telefonnummern

---

[35] Die unterschiedlichen Farben in den Merkmalen werden im Zusammenhang mit Objekt- und Metaebene im Abschnitt 7.1.4 erklärt

in Beziehungen zu Personen oder Firmen dargestellt, verschiedene Programme ansehen. Die Vielfalt (oftmals Einfalt) wird mit Sicherheit überraschen, obwohl die Abbildung der Realität „Telefonnummer" scheinbar trivial ist.

Eine Telefonnummer besteht in der Realität aus einem 4-Tupel: <lll><ssss><NNNNN><aaa>, hat also die Entitäten:

- lll – Ländereinwahl
- ssss – Ortseinwahl
- NNNNN – Firmeneinwahl
- aaa – Apparatenummer

Diese vier Bestandteile können nun mit dem Begriff „Telefonnummer" im jeweiligen Programm sehr verschieden abgebildet werden.

Die Begriffsbildung könnte in einem Beispiel wie folgt ablaufen:

Zweck

Randbedingung:

- Betreuung eines Gebäudes durch eigene Mitarbeiter und externe Dienstleister in örtlicher Nähe
- Verwaltung ca. 150 Adressen
- Telefonnummern ändern sich häufiger

Zielstellung:

- schnelles Finden der Nummer
- keine zusätzlichen Software-Kosten

Inhalt

Die Analyse der 4 Bestandteile der Telefonnummer ergibt, dass auf die Ländervoreinwahl und die explizite Apparatenummer verzichtet werden kann.

Syntax

Trennung der Nummer in <ssss><NNNN-Naaa>;

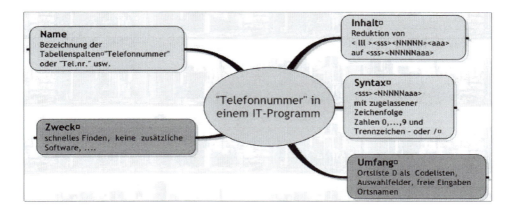

Abb. 7-3: Dimensionen des Begriffes „Telefonnummer"

Lösung 1:

Die Zuordnung der Telefonnummer ist in einem Tabellenprogramm (zu >90% MS Excel) mit zwei Spalten dargestellt:

AAA Schlüsseldienst, ...	0351	567890
Elektromeister Henke, ...	0371	78999955
DL-Systemhaus Dresden, ...	0351	497040
Müller, Egon	0351	777323

Vorteile:

- Gesuchte Telefonnummer der Dienstleister ist schnell gefunden
- Datentechnisch sehr einfache Struktur

Nachteile:

- Redundanz (Wiederholung)
    - der Ortseinwahl und
    - der Firmeneinwahl, wenn 2 Apparate einer Firma benötigt werden.

Diese Art der Redundanz wird als unkontrolliert bezeichnet (Regelfall jeder Outlook-Adressverwaltung). Sie ist die häufigste Fehlerursache für Dateninkonsistenz (ein Widerspruch kann z.B. entstehen, wenn sich die Firmeneinwahl ändert und dies bei einer Person übersehen wird).

Eine kontrollierte Redundanz ist in unserem Beispiel nur möglich, wenn die Tabelle um die Spalte „Ort" erweitert wird, an die dann die Ortseinwahl gekoppelt ist. Daraus leitet sich ab, dass bei der Datenerfassung nur der Ort ausgewählt zu werden braucht und die Vorwahl wird angezeigt. Der Gewinn an Zeit und Fehlerfreiheit liegt auf der Hand. Dies zu erreichen, erfordert die Modellierung der Entitäten im so genannten Datenmodell.

Mittels Datenmodell (s. Kap. 7.1.3) ist es möglich, die Abbildung der Telefonnummer redundanzfrei, z.B. in einem CAFM-Programm, darzustellen.

Aus unseren Analysen von FM- und anderen Programmen geht hervor, dass in mehr als 80% der Software die Telefonnummer als 2-Tupel mit unkontrollierter Redundanz abgebildet wird. Damit sind Dateninkonsistenzen (Widersprüche) in gewisser Weise „vorprogrammiert" sowie der erhöhte Aufwand zur Datenpflege.

Das gewählte, extrem einfache Beispiel „Telefonnummer" sollte nur die Komplexität des Themas Datenmodellierung verdeutlichen. Das Beispiel erhebt in keiner Weise den Anspruch einer generellen Lösung, denn dafür gibt es viele Möglichkeiten, bis hin zur Internetkopplung mit einer Telefondatenbank.

Die Dimensionen eines Begriffes möchten wir folgendermaßen zusammenfassend darstellen:

- Die *Bedeutung* eines Begriffes ist am leichtesten über Merkmale zu erfassen. Scheinbar einfache Begriffe wie „Arbeitsauftrag„ oder „Projekt" werden in verschiedenen Programmen völlig unterschiedlich definiert. Z.B. fehlen in manchen Programmen für diese Begriffe die Merkmale „intern" und „extern". Dies hat dann zur Folge, dass man mit diesen Programmen z.B. interne Projekte nach dem gleichen Schema wie externe Projekte nur behandeln kann. Werden diese Prozesse in der Realität aber anders realisiert, so führt dann die Abbildung mittels IT zu erheblichen Problemen. Interessanterweise werden solche elementaren Probleme relativ spät, nach der Einführung eines Programmes bemerkt.

- Die Merkmale (der *Inhalt*) selbst werden wesentlich aus dem *Zweck* der Begriffsbildung ermittelt. Der Zweck wird oft mit dem Terminus Aspekt, Gesichtspunkt usw. beschrieben. In der Regel wird aber der Zweck einer Begriffsbildung nicht explizit dargestellt und ist damit Nährboden für Missverständnisse.

- Der *Name*, die Bezeichnung eines Begriffes spielt eine nicht unerhebliche Rolle. Namen, die schon eine Bedeutung haben, müssen durch die jeweilige Begriffsbestimmung besonders erläutert werden[36], weil auch hier Missverständnisse „vorprogrammiert" sind.

- Die *Syntax* spielt nur im Zusammenhang mit der Formalisierung für die Rechentechnik eine entscheidende Rolle.

- Der Begriffs*umfang* macht deutlich, in welchem Umfeld der Begriff überhaupt anwendbar ist.

7.1.3 Datenmodell einer Softwarelösung

Genau wie die Objekte der realen Welt, stehen Begriffe untereinander in Beziehungen (Relationen[37]). Diese Beziehungen bildet man stufenweise in Modellen ab.

Die Abbildung der zu lösenden Aufgabenstellung erfolgt zuerst über die Abbildung der Prozesse (z.B. Geschäftsprozesse) und den darin fließenden Daten. Das Prozess- und Funktionsmodell (s. 7.1.5) führt zur Grobstrukturierung der Prozesse. Daraus werden die Grundbausteine (Entitäten) abgeleitet und deren Beziehungen (Entity-Relationship-Model – ERM) definiert. Das ERM ist dann Basis für das Datenmodell, bei dem die IT-Objekte (Entitäten) und ihre Attribute (Merkmale) präzisiert werden (am Beispiel sind dies Tabellen und zugehörige Spalten).

---

[36] Beispiel ist bei uns der Name „Objekt„

[37] daraus hat man für ein spezielles Datenmodell die Bezeichnung „Relationales Datenmodell" abgeleitet

Hat man es mit gleichstrukturierten[38] Daten zu tun, so kann ein Datenmodell entwickelt und in Datenbanken abgebildet werden.

Das Datenmodell ist der Kern eines Programms im Allgemeinen und eines datenbankbasierten Programms im Besonderen. Datenmodelle sind jedoch in der Regel für den Programm-Nutzer unsichtbar. Im Datenmodell spiegelt sich das Abstraktionsvermögen der Programmentwickler wieder. In der Funktionalität des Programms das fachspezifische Know-how. Oberflächlich strukturierte Datenmodelle können durch funktionelle Vielfalt überdeckt werden, so dass der Nutzer von einer „noblen Karosse" nicht zwangsläufig auf einen „starken Motor" schließen kann.

Das Datenmodell beeinflusst wesentlich den Datenerfassungsaufwand. Ebenso beeinflusst es die Reportmöglichkeiten (Berichte) und erheblich die Aufwendungen für Erzeugung von Ad-hoc-Anfragen an eine Software (Erzeugung von Listen aus frei wählbaren Fragestellungen). All diese Merkmale bestimmen die Investitionssicherheit eines Programms wesentlich.

Unter diesem Gesichtspunkt soll das einfache Beispiel „Telefonnummer" so abgebildet werden, dass die Nummern der Mitarbeiter von Firmen möglichst redundanzarm gespeichert und zwangsläufig mit geringstem Aufwand erfasst werden. Die Modellierung wird verkürzt in drei Stufen dargestellt:

- Modellierung der Beziehungen der Entities (ERM)
- Modellierung der Daten und ihrer Eigenschaften (hier relationales Datenmodell - RDM)
- Abbildung in einer Nutzeroberfläche (Darstellungsmodell – hier am Beispiel einer vorhandenen CAFM-Lösung)

---

[38] das Gegenstück sind „unstrukturierte Daten„, die ohne eine definierte Syntax und Semantik abgelegt werden; in der Regel als Datei in einem File-System

Beispiel „Telefonnummer" *Lösung 2*:

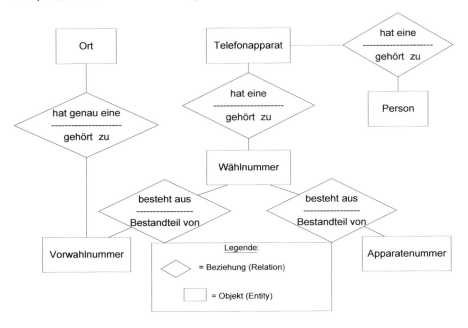

Abb. 7-4: Entity Relationship Model „Telefonnummer"

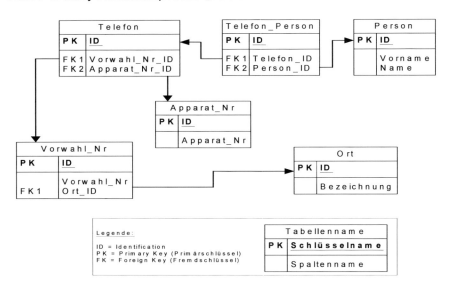

Abb. 7-5: Datenbankmodell „Telefonnummer"

Dieses Datenmodell kann man in die Oberfläche eines Programms abbilden:

Erster Schritt: Erfassung Ortseinwahl

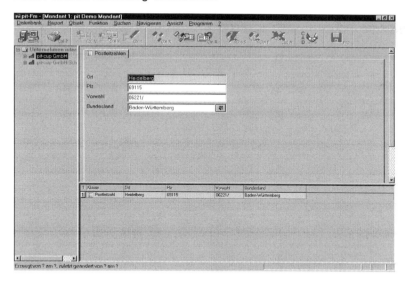

Abb. 7-6: Datenerfassung Ortseinwahl

Zweiter Schritt: Erfassung Betriebseinwahl

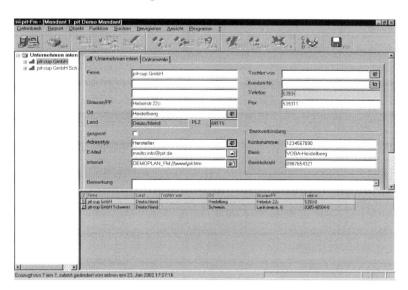

Abb. 7-7 Bildschirmmaske für Erfassung der Firma

Nach der Darstellung der Firmeneinwahl wird dann im dritten Schritt der Mitarbeiter mit seiner Apparatenummer als freies Feld erfasst, alle anderen Nummern werden beim Mitarbeiter als ausgegraute Felder (nicht veränderbar) angezeigt.

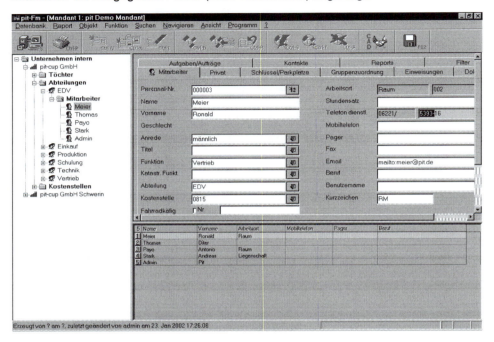

Abb. 7-8: Datenerfassung Telefonnummer beim Mitarbeiter

Damit erhalten alle Unternehmen aus einem Ort (im Beispiel Heidelberg) automatisch die Voreinwahl (physisch nur einmal in der Datenbank!) und alle Mitarbeiter der Firma automatisch die Firmeneinwahl.

Natürlich sind bei allen Vorteilen eines RDM[39] (effiziente Datenerfassung, geringere Datenfehlerwahrscheinlichkeit u.a.) auch Nachteile vorhanden. Der wesentlichste Nachteil besteht darin, dass diese Daten, nicht wie bei einer Excel-Tabelle, einfach an ein anderes Programm als Datei übermittelt werden können.

Dass die Modellierung und die Umsetzung in Software aufwändige Prozesse sind, dürfte an diesem einfachen Beispiel deutlich geworden sein. In diesem Sinne erfordert der Gesamtprozess eine Technologie der Modellierung für IT-Projektanten. Dafür gibt es sogenannte CASE-Tools, mit denen, ausgehend von der Grobstrukturierung des Geschäftsprozesses bis hin zur konkreten Lösung, dieser Prozess unterstützt werden kann.

---

[39] RDM – Relationales Datenmodell

7.1.4 Objekt- und Metainformation und deren Konsequenzen für ein BKS[40]

Die Begriffsbildung, als eines der zentralen Themen der Softwarearchitektur, ist mit einer prinzipiellen Schwierigkeit verbunden, der man auch im Alltag ständig begegnet: Handlungsziele, Rahmenbedingungen für die Begriffsbildung (die auch immer mit einem Anpassungsprozess verbunden sind) und damit hauptsächlich der Zweck, werden *nicht explizit formuliert*.

Abb. 7-9: Beziehung Objekt- und Metainformation

Informationen über die eigentliche Information werden als Metainformationen (Hintergrundinformation, Kontextinformation usw.) bezeichnet.

In einem Software-Programm treten Metainformationen in mehreren Zusammenhängen auf:

a) Information über das Programm selbst,

b) Information über die Strukturierung der Begriffe (Basis-Objekte) und

c) Information zu den Daten selbst.

Im Fall a) wird die prinzipielle Ziel- und Aufgabenstellung eines Programms kommuniziert. Dem potenziellen Erwerber eines Programms wäre es oftmals hilfreich, nicht nur gesagt zu bekommen, wofür das Programm gut geeignet ist, sondern auch wofür es weniger geeignet ist. Oftmals beinhaltet die Negation einer Aussage mehr Information als eine positiv formulierte Aussage.

Zu Fall b): Nachdem der Softwareprojektant den Begriff (die Objektinformation) in einem Arbeits- und Erkenntnisprozess definiert hat, werden in der Regel diese Prozesse nicht dokumentiert. Erst bei zeitlich meist viel späterer Diskussion des Für und Wider,

---

[40] BKS = Bauteilkennzeichnungssystem; auch BZS = Bezeichnungssystematik, AKS = Anlagenkennzeichnungssystem usw.

z.B. der Merkmale einer Facility und ihrer Nutzung, beginnt das Rätselraten. „Der Programmierer wird sich schon etwas dabei gedacht haben", ist eine nicht selten gehörte Redeweise manch verzweifelten Programm-Nutzers.

Der Fall c) besagt, dass der Nutzer beim Datenerfassen die Möglichkeit geboten bekommen kann, zur erfassten Information eine Anmerkung, einen Verweis oder einen Hyperlink zu machen. Die meisten Informationssysteme haben in der Regel gar keinen Ort, wo man als Nutzer nachvollziehbar eine Metainformationen zu den Daten ablegen kann. Dieser Umstand kann bei brisanten Daten in komplexen Informationssystemen, wie CAFM, manchmal tragisch sein. Fragen wie: „Warum wurde das Datum geändert?" bleiben unbeantwortet.

Metainformationen[41] zu explizieren bedeutet letztendlich doppelten Aufwand, woraus auch im Alltag in der Regel der Verzicht auf diese Information resultiert. Der Wert von Metainformationen wird uns meist erst dann bewusst, wenn wir gezwungen sind, Informationen zurück zu verfolgen.

Am Beispiel der Kennzeichnung von Facilities (Kennzeichnungssystemen, AKS usw.) soll die enorme Bedeutung von Objekt- und Metainformation verdeutlicht werden.

Gebräuchliche Kennzeichnungssysteme benutzen Nummernblöcke, die z.B. in der Syntax ***xxx.yyy.zzzz.aaa.bbb*** wie folgt interpretiert werden:

xxx	bedeutet Nummer der Liegenschaft
.	bedeutet Trennzeichen (wird häufig auch weggelassen, wenn Zeichenanzahl fest definiert ist)
yyy	bedeutet Nummer der Liegenschaft
zzzz	bedeutet Gebäudebezeichnung
aaa	bedeutet Kürzel Ebenenbezeichnung
bbb	bedeutet Raumnummer

In diesem Kennzeichnungssystem ist die Metainformation (Bedeutung) von der Objektinformation (die Namen der Objekte) getrennt. Wenn man die Zeichenkette (z.B. als Label eines Raumes) verstehen muss, ist dies nicht ohne eine explizite Beschreibung der Syntax möglich. Beim Datenaustausch werden müssten in diesem Fall 2 Dateien transportiert werden (Kennzeichen und Beschreibung).

Leider existiert zum Thema Bezeichnungssystematik im FM noch keine allgemein anerkannte DIN.

In der DIN 6779 wird erstmalig der Schritt gegangen, in einer Zeichenkette Meta- und Objektinformation (analog der Struktur einer XML-Sprache) zu vereinigen.

---

[41] Metainformationen können z.B. in einem Word-Dokument unter „Datei" „Eigenschaften" gepflegt werden. Der Leser möge sich selbst fragen, wie er mit dieser nützlichen Information umgeht.

Ein Ventilator könnte auf Grundlage dieser DIN durch nachfolgende Zeichenkette bezeichnet werden:

=TL.GQR001.GRQU001-GQV001++3001.U2.2105[42]

Die Zeichen **=**, **-** und **++** sind Metazeichen und bedeuten:

=	Funktionskennzeichnung (Anlagen)
-	Produktkennzeichen (im Sinne Teil einer Anlage) und
++	Ortkennzeichen

Aus dieser Systematik folgt zwangsweise, dass die Anzahl der Zeichen flexibel sein kann und auch die Struktur nicht zwangsweise jedes Metazeichen enthalten muss (wenn z.B. aus Gründen der Instandhaltung nicht auf die Ebene Produkt herunter gebrochen zu werden braucht).

Damit kann erreicht werden, dass in großen Unternehmen nicht mehrere Kennzeichnungssysteme getrennt nebeneinander existieren, sondern alle Objekte (Facilities) einheitlich bezeichnet werden.

Da mit dieser Systematik auch über Graphen die Facilities systematisch abbildbar sind, ist dieses Kennzeichnungssystem für eine Generierung mittels Software für „Labeling" (Kennzeichnung z.B. als Barcode oder RFID) und CAD gut geeignet.

Am Beispiel des Gewerkes Trinkwasser (allerdings aus der Sicht eines Geoinformationssystems – GIS) lassen sich auf einem einzigen Blatt A4 alle Objekte klassifizieren und einheitlich kennzeichnen):

---

[42] Dieses Kennzeichen stammt aus einem baulichen Großvorhaben und kann deshalb hier nicht näher erläutert werden

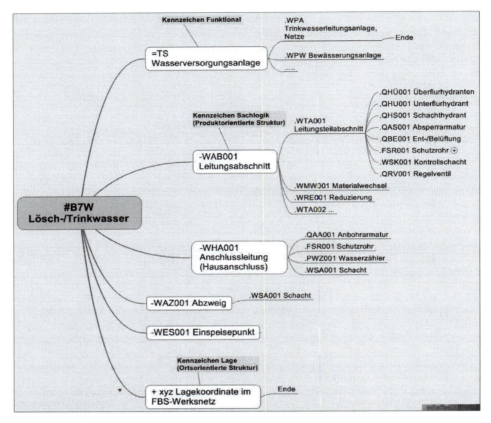

Abb. 7-10: Bezeichnungsgraph Trinkwasser nach DIN 6779

Durch die gemeinsame Verwaltung von Objekt- und Metazeichen ist es damit auch möglich, auf CAD-Dokumenten je nach Zeichnungsart (Lagepläne, Schnitte, Schemapläne usw.) an die CAD-Objekte automatisiert die Bezeichnungen zu generieren (z.B. Schemapläne nur mit den der Funktionsbezeichnung = folgenden Zeichenketten u.a.), vorausgesetzt die Zeichnung ist mit einer Datenbank gekoppelt.

Allerdings bereitet die flexible Struktur vielen bestehenden Systemen (GLT, ISYBAU, SAP u.a.) erhebliche Probleme, die zukünftig zu lösen sind. Erst dann wird die DIN 6779[43] auch die praktische Akzeptanz finden.

7.1.5 Prozess-, Funktions- und Darstellungsmodell

Ein Prozessmodell bildet die Geschäftsprozesse und ihre Zielstellungen, in unserem Fall den FM-Prozess, ab. Ein einfaches Prozessmodell ist z.B. die Abwicklung einer

---

[43] DIN 6779 entspricht DIN EN 61346

Störmeldung mit allen Objekten, Subjekten und deren Beziehungen als Entitäten abzubilden. Diese Modellierung ist keinesfalls mit dem Software-Modell identisch. In unserem Beispiel wird die wesentlichste Tätigkeit, nämlich die Beseitigung der Störung durch einen Techniker, nicht notwendigerweise durch Software abgebildet.

Das FM-Prozessmodell bildet aber die Grundlage für das CAFM-Prozessmodell. Es werden die Prozesse dargestellt, die durch Software zu unterstützen möglich und effektiv sind. Anschaulich beschrieben, bildet dieses Modell letztlich das Fließen der Daten zwischen den Entitäten ab. Dieser Datenfluss muss die Aufgaben- oder Problemlösung des Programmnutzers führen. Bezüglich der Störmeldung muss das FM-Prozessmodell das Endergebnis der Beseitigung der Störung erfassen.

Im FM-Funktionsmodell wird die Verantwortlichkeit der Nutzer/Nutzergruppen für die Daten abgebildet. Nutzergruppen können über sogenannte Rollen beschrieben werden.

Das Funktions- und Prozessmodell muss die Arbeitsteilung zwischen Mensch und Maschine abbilden. Nicht in jedem Programm wird explizit ein Prozess- und Funktionsmodell entworfen und systematisch umgesetzt. Ein FM-Prozessmodell liegt z.B. vor, wenn die Software nach dem Erfassen einer Störmeldung dem FMr den nachfolgenden Prozess, z.B. den dazugehörenden Technik-Verantwortlichen sowie den entsprechenden Techniker, anzeigt und den entsprechenden Arbeitsauftrag erzeugt.

Funktionsmodelle werden im Unternehmen durch organisatorische Bestimmungen definiert. Deshalb kann man Verwaltungssoftware, wozu CAFM gehört, prinzipiell nur auf einigermaßen gefestigte Organisationsstrukturen aufsetzen. Einen ständigen Wechsel von Verwaltungseinheiten eines Unternehmens und daraus resultierende Verschiebungen von Verantwortlichkeiten kann auch die flexibelste Software nur mit unvertretbaren Kosten abbilden.

Das Datenmodell muss in einem iterativen Entwicklungs- und Consultingprozess mit dem Funktions- und Prozessmodell abgestimmt werden.

Das Darstellungsmodell ist die Modellierung der Nutzeroberfläche einer Software. Eine gut strukturierte Oberfläche und eine gewisse Bedienerführung bestimmen in hohem Grade die Systemakzeptanz und den Einarbeitungsaufwand für die Bedienung durch den Nutzer.

Könnte man die Welt und alle Geschäftsprozesse vollständig normieren, dann wäre eine „Standardsoftware" möglich, selbst für die kompliziertesten Prozesse. Eine vollständige Normierung wird es nicht geben. Ausgehend vom Gesamtziel eines Unternehmens, Profit zu erzielen, müssen die Teilziele sich den ständig wandelnden Bedingungen des Marktes anpassen. Prozesse werden stark durch Rahmen-bedingungen geprägt. Wie stabil Rahmenbedingungen sind, gerade im Zeitalter der Globalisierung und Deregulierung, kann sich der Leser selbst erklären.

Die Prozesse, die sich z.B. in jedem FM-Prozess der verschiedensten Unternehmen wiederholen (invariant sind), können als wiederverwendbare Bausteine in Software „gegossen" werden. Aus der Vielfalt an CAFM-Systemen am Markt kann man ablesen, dass es in den Unternehmen viele invariante Prozesse gibt. Die Stärken der Systeme hängen in der Regel genau davon ab, welche Prozesse zur Entwicklung von Software geführt haben. Ob am Beginn ein Raumbuch mit Software für Umzugsmanagement stand oder Software für ein technisches Management, das kann man bei Beschäftigung mit den IT-Modellen relativ leicht erkennen.

7.1.6 Schlussfolgerungen

Schlussfolgerungen möchten wir in zwei Richtungen führen:

a) Welche Konsequenzen ergeben sich für die Software und deren Eigenschaften?

b) Welche Konsequenzen kann man für das Consulting zur Einführung von Facility Computing ableiten?

Entscheidend für die Struktur einer Software ist die Aufgabenlösung (Typen oder Klassen von Aufgaben) und die damit verbundene Zielstellung. Es gibt weder „die Aufgabenlösung" noch „die Zielstellung", so dass es immer Unterschiede zwischen den Programmen geben wird. Jedes Computer-Programm hat eine Historie, grundlegende Abstraktionen, die in der Regel im gesamten Lebenszyklus erhalten bleiben.

Sind die Ziele weit gefächert, dann kann das Programm in der Regel sehr viel, aber einiges davon nur sehr aufwändig (dafür hat sich zum metaphorischen Vergleich die Bezeichnung „eierlegende Wollmilchsau" eingebürgert).

Sind die Ziele eng gesteckt, dann kann das Programm eben nur Spezialaufgaben, diese aber effektiv lösen.

In diesem Sinne kann eine Tabellenkalkulation für eine Spezialaufgabe sehr gut geeignet sein, prototypische Begriffsbildungen vorzunehmen. Dadurch kann in einem Prototyp oder einer Testphase die Aufgabenstellung präziser erfasst werden. Informationssysteme ohne Datenbanken im Hintergrund sind aber heute nicht mehr denkbar, so dass eine Tabellenkalkulation immer ein Zwischenstadium bleiben sollte.

Ausgehend von einer Technologie der Datennutzung ist die Technologie der Datenerfassung zu entwickeln. Dieses Vorgehen ist zielgetrieben und vermeidet eine zu detaillierte Begriffsbildung. Zu umfangreiche Merkmale einer Facility führen in der Regel zu „Datenfriedhöfen" und damit zum Verlust der Nutzerakzeptanz.

Programmentwicklungen können weder vom IT-Spezialisten noch vom Fachspezialisten allein betrieben werden. Nur in einer abgestimmten Zusammenarbeit beider kann eine IT-Lösung entstehen, die beim Anwender die notwendige Akzeptanz findet.

Bevor man als potenzieller Programmnutzer in der Funktionalität einer Programmdemonstration „ertrinkt", sollte man die grundlegenden Begriffe des Programms herausarbeiten lassen. Nicht selten werden von Software-Entwicklern und Fachspezialisten gleiche Worte für oftmals erheblich verschiedene Inhalte genutzt. Diese Erkenntnis kommt häufig erst, wenn das Programm längst genutzt wird.

Programme sind dann flexibel, wenn der Nutzer Mittel hat, um selbst Begriffsbildungen vorzunehmen. Dies erfordert eine Metasprache, damit die Objektinformation gebildet werden kann. In der Regel ist diese Metasprache eine Programmiersprache. Formalisierte Fachsprachen, entsprechend der Begriffswelt des Nutzers, sind gegenwärtig die Ausnahme.

Begriffsbildung ist ein Erkenntnisprozess, bei dem die zu lösende Aufgabe passend/zweckmäßig usw. erfasst wird. Diese Tätigkeit ist das Kerngeschäft der Berater zur Einführung eines CAFM. Wenn die Begriffsbildung nicht passt, dann werden in der Regel Merkmale/Eigenschaften hinzugefügt, weggelassen, verändert usw. Dieser Erkenntnis- und Abbildungsprozess unterliegt einer Gesetzmäßigkeit hinsichtlich des Aufwandes und des Ergebnisses:

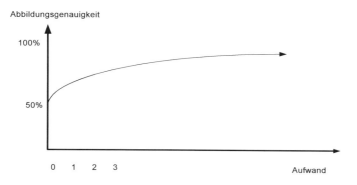

Abb. 7-11: Pareto-Regel für Aufwand und Genauigkeit bei FM-Modellierung

Die Abb. 7-10 soll verdeutlichen, dass auf Anhieb mindestens 50 Prozent der Sachverhalte zweckmäßig abgebildet wird (dies bezeichnet man auch als „Gefühl aus dem Bauch heraus"). Eine weitere Präzisierung erfordert meist viel Aufwand, bringt aber nur noch geringen Mehrnutzen.

Bei der Anpassung einer Software an die Zielstellungen des Auftraggebers spielen im Consulting Erfahrung und Abstraktionsvermögen eine ganz entscheidende Rolle, da eine 85%-ige Lösung weit wirtschaftlicher und benutzerfreundlicher sein kann als eine 98-%ige Lösung (100%-ige Lösungen sind unbezahlbar und noch vor ihrer Fertigstellung durch die Dynamik der Realität überholt).

7.2 Besonderheiten von CAFM-Systemen

7.2.1 Anforderungen

Ausgehend vom Kapitel 1.3. möchten wir ein IT-System im Allgemeinen und ein CAFM-System im Besonderen mit nachfolgenden Merkmalen beschreiben:

- Software (z.B. Datenbank/CAD/EDM/CAFM, usw.)
- Hardware (z.B. Server und Client-Erfassungsplatz, WEB-Auskunftsplatz; Feld-PC)
- Orgware (Handbuch, Schulungsunterlagen usw.)

Über einen Anpassungsprozess des CAFM-Systems durch ein IT-Systemhaus und IT-Applikationsingenieure an den Kunden entsteht die CAFM-Lösung. Die Bewirtschaftung von Facilities mittels dieser Lösung stellt komplexe Anforderungen an einen Facility Manager. Durch die Anpassung werden die Merkmale eines IT-Systems mit nachfolgenden Merkmalen einer CAFM-Lösung erweitert:

- Software (20-80% Anpassung des CAFM-Systems an die Geschäftsprozesse des Käufers)
- Hardware (z.B. Server und Client-Erfassungsplatz, WEB-Auskunftsplatz; Scanner für Inventarisierung usw.)
- Orgware (z.B. Zeichenvorschrift, Datenerfassungsvorschrift, angepasste Schulungsunterlagen, Rollenbeschreibung u.a. des FMr, Controllers, Sachbearbeiters usw.)
- Daten (z.B. Betriebsdaten, Bestandsdaten)

FM-Software ist im allgemeinen Sinne ein Verwaltungsprogramm u.a. für:

- Objekte (Räume, Gebäude, Liegenschaften, Flächen, Anlagen und Geräte usw.)
- Ereignisse (Schadensfälle, Garantiefälle, Bedarf, usw.)
- Termine für Wartung, Reinigung, Prüfung (mit Beginn, Ende, Intervalle, Verantwortlichkeiten) usw.
- Aufträge (Reparaturen, Prüfungen, externe Dienstleistungen, usw.)
- Dokumente (Verträge, Zeichnungen, Fotos, Technische Dokumentationen, Auswertungen, Protokolle, usw.)
- Zählerstände
- Personen (Mitarbeiter, Adressen externer Dienstleister, usw.)

Der zentrale Begriff eines CAFM-Systems ist die Facility. In den Definitionsmöglichkeiten der Facilities für eine CAFM-Lösung unterscheiden sich die Systeme erheblich. Im Rahmen des objektorientierten Programmieransatzes vererben die Merkmale einer Oberklasse diese auf eine Unterklasse (z.B. Merkmale eines Gebäudes auf die darin enthaltenen Räume).

Eine Facility in der CAFM-Lösung kann die Abbildung

- eines konkreten, einzelnen Objektes sein (z.B. der Heizkörper x im Raum y) oder
- eine Klasse mit gleichen Merkmalen bilden (Typen).

Einer Hierarchie von Typen sind nach oben keine Grenzen gesetzt. Auf untersten Abbildungsebene sind Facilities Begriffe von realen Objekten.

Ein Objekt selbst kann in mehreren Facilitytypen auftauchen, weil diese immer Sichten auf die Objekte sind. Es wäre fatal, wenn die Sichten als separate Merkmale der Objekte in der Datenbank gehalten würden. Genau dieser Fall kann dann eintreten, wenn ein Datenmodell nicht zentral administriert wird und „Wildwuchs" entsteht. Unkontrollierte Redundanz führt zwangsläufig zu Widersprüchen (Inkonsistenz) und damit zum Akzeptanzverlust der CAFM-Lösung.

Erfolg oder Misserfolg einer CAFM-Lösung wird wesentlich durch die Begriffsbildung der Facilities bestimmt. Die Begriffsbildung ist kein einmaliger Akt, sondern sollte im Lebenszyklus der Applikation gestaltbar bleiben (hinzufügen oder streichen von Merkmalen, u.a.). Das CAFM-System muss gerade in dieser Hinsicht das IT-Systemhaus unterstützen, eine Kundenanwendung (die CAFM-Lösung) effektiv zu erstellen.

Neben dem Datenmodell gibt es weitere wesentliche Eigenschaften einer Software. Die Komplexität von FM-Software erfordert im Besonderen Maße die Trennung

- der Datenhaltung von
- der Verarbeitung (der Programmlogik) und
- der Datendarstellung (Präsentationslogik oder Darstellungsmodell).

Diese Trennung bezeichnet man als Tier[44]-Schichtenmodell. Auf dieser Basis ist es dann leichter, solche Forderungen wie:

- Mehrmandantenfähigkeit,
- differenzierte Zugriffsrechte und Rollenspiele,
- personalisierte Oberflächen und
- Kopplung verschiedener Datenbanken

zu realisieren.

Wir unterscheiden hinsichtlich der Anpassbarkeit an den FM-Prozess zwei Typen von CAFM-Systemen:

a) CAFM-Systeme mit geringer Konfigurierbarkeit und

b) CAFM-Systeme mit hoher Konfigurierbarkeit.

Beide Systeme haben ihre Berechtigung. In der Regel passt sich bei a) der FM-Prozess dem CAFM-System an. Im Fall b) passt sich das CAFM-System dem Prozess an. Wir bezeichnen CAFM-Systeme mit dieser Eigenschaft als „Werkzeugkasten" oder auch als CAFM-Tool.

Sowohl bei a) als auch bei b) kann ein CAFM-Anbieter nur gemeinsam mit dem Nutzer eine effektiv nutzbare Lösung erzeugen. CAFM-Anpassungsaufwand und der durch CAFM verursachbarer Nutzen sind dabei ein ständiger Balanceakt.

---

[44] Tier engl. Etage

7.2.2 System und Nutzer

Entsprechend des Rollenspiels in FM-Geschäftsprozessen gibt es völlig verschiedene Szenarien der Nutzung von CAFM.

Funktion	Tätigkeit	CAFM-Modul
Unternehmensleitung	Führung des Gesamtprozesses unter Nutzung von Kennziffern (Kosten, Verbräuche; Auslastung,...)	Lieferung dieser Kennziffern
Facility-Manager	FM-Prozesssteuerung	Funktionen zur Unterstützung des Ereignis und Terminmanagements
Controller	Auswertung und Steuerung betriebswirtschaftlicher Prozesse	Ausgefeiltes, normiertes oder Ad-hoc Berichtswesen
Sachbearbeiter	Datenpflege	Datenbankmasken, Datenerfassungstools
Planer	Entwurf, Berechnung usw.	CAD, Raumbuch, Datenabgleichtools, Berechnungssoftware, usw.
IT-Administrator	Systempflege	Datenbanktools
Consulter	Einführungsberatung, Schulung, Systembegleitung, Einweisung IT-Administrator für eigene Anpassungen	Hilfesystem, oft Entwurftools

Die Leistungen der grau markierten Zeilen werden häufig durch Fremd-Leistungen in Anspruch genommen. In großen Unternehmen wird dafür oftmals die IT-Abteilung herangezogen. In Deutschland gehören IT-Manager derzeit laut einer Untersuchung des IT-Dienstleisters Synstar nur in jedem zehnten Unternehmen der Geschäftsleitung an [NETWORK, 2001].

„Doch die Trägheitsmomente in den meisten Betrieben sind groß. Top-Manager, die Prozessoptimierung zur Chefsache erklärt haben, müssen nicht nur für die erforderlichen Ressourcen sorgen. Ebenso wichtig ist, dass sie professionelle Vorgehensweisen einführen. Daher muss Prozessoptimierung durch eine *Metastruktur* gesteuert werden, in der Rollen, Verantwortlichkeiten und Funktionen klar definiert sind." [CRN, 2001]

7.2.3 System und Prozesse

FM-Prozesse unterliegen neben planbaren Einflussfaktoren auch nicht vorhersehbaren äußeren Einflüssen. Schnelle Reaktion des FMr ist gefordert, die durch wenige Handgriffe auf einer Bedienoberfläche der CAFM-Lösung unterstützt werden muss. Die Informationsflut, der ein FMr ausgesetzt ist, durch wenige „Knöpfe" und noch weniger Eingaben in die Bildschirmmaske zu beherrschen, ist ein Ergebnis gemeinsamen Ringens von CAFM-Lieferant und Anwender.

Oftmals begegnen dem Systemlieferanten in einem Unternehmen konträre Auffassungen der potenziellen Anwender, die sich neben der unterschiedlichen Funktionalität besonders in der Menge der zu erfassenden Merkmale der Facilities unterscheiden:

- der analytisch veranlagte FMr möchte soviel wie möglich Daten erfassen,
- der generalistisch veranlagte FMr so wenig wie möglich Daten.

Zuerst müssen die Ziele definiert sein, um dann daraus die notwendigen Daten zu bestimmen. Dieses Vorgehen wird mit „Top-down" bezeichnet, man geht vom Resultat (die Ziele des FM) zu den Ausgangsbedingungen zurück. Der umgekehrte Weg wird mit „Botton-up" bezeichnet, d.h. von unten (den Ausgangsdaten) nach oben (zum Resultat).

Reines Top-down-Vorgehen ist nicht möglich, sondern nur ein iterativer Prozess. Dem Top-down-Vorgehen wird man am ehesten gerecht, wenn die Ziele des FM (s. Kap.1.2) immer wieder reflektiert und den Bedingungen angepasst werden.

CAFM-Systeme bilden immer wiederkehrende Prozesse durch Regelwerke ab, die man oftmals nur durch einen Button in der Bildschirmmaske anzustoßen braucht, und man erhält die gewünschte, verdichtete Sicht auf die Facilities. Monatsberichte über Energie-Verbräuche, Mieterbelegungspläne, Reinigungspläne, Reparaturaufträge usw. sind wenige Beispiele solcher relativ invarianter Prozesse. Das Ergebnis wird einzig und allein von der Qualität der Datenpflege bestimmt.

IT-Systeme im Allgemeinen und CAFM-Systeme im Besonderen sind nur in der Lage, Prozesse abzubilden, die voraus gedacht sind. In der täglichen Arbeit entstehen häufig

- Ad-hoc-Fragen aus unvorhersehbaren Situationen heraus, wie z.B. „Welcher Mitarbeiter hat an welcher Anlage zu welchem Termin, von wem beauftragt, welche Wartung gemacht?",
- Ad-hoc-Sichten, die aus aktuellen Berichtsanforderungen der Geschäftsführung und
- Ad-hoc-Ergebnisse aus FM-Prozessen.

Ad-hoc-Ereignisse kann sich weder ein IT-Projektant noch ein Programmierer ausdenken. Gerade Fragestellungen, deren Beantwortung nicht auf Knopfdruck passieren kann, liefern oftmals Ergebnisse, die den Fragesteller überraschen und im Kontext (Zusammenhang) der Information zu neuen Erkenntnissen führen.

Das Ergebnis der Fragestellungen wird, neben der Qualität der Datenpflege, wesentlich durch den Aufwand zur Datenbankabfrage bestimmt. Ist der Aufwand zu hoch, bleibt es in der Regel bei der Fragestellung und der offenen Antwort. Dies hat negative Konsequenzen für die Akzeptanz der CAFM-Lösung. Deshalb bieten moderne CAFM-Systeme Datenbankwerkzeuge, die weitgehend intuitiv die Abfragen unterstützen. Allerdings setzt die Komplexität des Datenmodells diesem Vorgehen gewisse Grenzen. Auch hier ist eine Arbeitsteilung zwischen IT-Systemhaus und Nutzer angebracht.

7.3 Darstellung eines CAFM-Systems

7.3.1 Das CAFM-System

7.3.1.1 Systemhintergrund

Das Beispiel einer CAFM-Lösung stammt aus einem größeren Unternehmen. In der Applikation wurden ein komplexes Datenmodell, ein detailliertes Darstellungsmodell und Modelle für ausgewählte FM-Basisprozesse umgesetzt. Die Anwendung basiert auf einem relativ jungen Softwareprodukt – pit-FM. Diese Lösung wurde deshalb ausgewählt, weil wir damit unsere bisherigen Erfahrungen gut darstellen können.

pit-FM[45] ist ein hochkonfigurables IT-Produkt, das auf einem relational-objektorientierten Datenmodell aufbaut; d.h. über einem relationalen Datenmodell wird ein Metadatenmodell aufgesetzt und damit u.a. Vererbungen zwischen den Facilities ermöglicht. Eine konfigurierbare CAD-Schnittstelle gestattet die effektive Arbeit mit CAD- und Raster-Daten. Nutzerrollen werden durch eine skalierbare Ausstattung der einzelnen Arbeitsplatztypen sehr gut möglich. pit-FM gehört zur zweiten Generation von CAFM-Software.

---

[45] Die Software ist als Demoversion auf der CD in einer 30-Tage-Vollversion nutzbar. Im Begleitmaterial werden FM-Prozesse dargestellt, die mit dem Programm und einem Demodatenbestand leicht nachvollzogen werden können.

Folgende Grundbegriffe sind im Programm pit-FM definiert:

- Attribute von Objekttypen oder Objekten (relevante Merkmale einer Facility, z.B. Leistung eines Heizkessels)
- Eigenschaften/ Ausprägung der Attribute (z.B. Wertebereich der Leistung 10-50 KW)
- Daten (Werte der Merkmale)
- Objekt-/Facilitytyp (Klasse von Facility, z. B. Heizkessel)
- Objekte/ Facility (Facilities, z. B. Heizkessel der Firma x)
- Vorgänge/Prozesse
- Ereignisse (z.B. Störung, Umzug, Reinigung usw.)
- Vorgänge (z.B. Reparaturauftrag, Wartung, Prüfung usw.)

Die hier verwendeten Begriffe benutzen die gleichen Worte wie in den Kapiteln 4 bis 6 (z.B. Arbeitsauftrag). Man muss aber genau unterscheiden, was im Programm damit inhaltlich abgebildet wird. In pit-FM wird ganz deutlich zwischen einem Ereignis, das eine Folge von FM-Prozessen auslösen kann, und dem FM-Prozess selbst unterschieden. Wenn diese Definitionen des CAFM-Programms verstanden worden sind, dann kann man es auch effektiv nutzen. Dies hat weniger mit der Bedienung zu tun als vielmehr mit dem Prozessverständnis. Viel zu häufig wird ein Programm nach der Bedienung beurteilt als nach dessen Basisbegriffe.

7.3.1.2   Oberfläche und Basisfunktionen

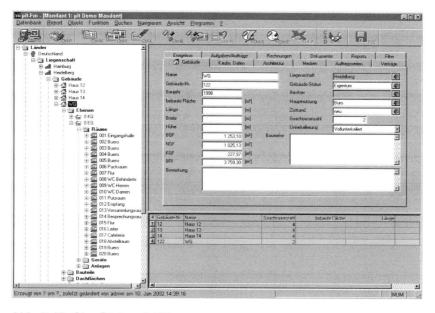

Abb. 7-12: Oberfläche pit-FM

Die Oberfläche des Darstellungsmodells ist in drei variable Hauptbereiche unterteilt:

- Linker Teil: Explorerbaumartige Darstellung der Facilities (Raum, Gebäude, Gerät, Zähler ...) und der zur Facility gehörigen Objekte – der *Kontextbaum*
- Rechter oberer Teil: Registerkarten der im Explorerbereich ausgewählten Facility[46] und deren Eigenschaften (Attribute),
- Rechter unterer Teil: Liste aller Facility-Objekte der aktuellen Klasse; dargestellte Eigenschaften sind nutzerspezifisch einstellbar.

Die Grundfunktionalitäten jeglichen IT-Programms, wie Drucken, Anlegen, Kopieren, Löschen, Navigation, Filtern, Speichern, Kopplung zum CAD u.a., sind in der Programm-Menüleiste gut sichtbar untergebracht.

Wegen der immer einheitlichen Oberfläche ist ein minimaler Schulungsaufwand für die Programmbedienung geschuldet.

In den nachfolgenden Bildschirmmasken ist die Information zum Sachverhalt, um den es jeweils geht, gut erkennbar.

7.3.2 Anwendungsbeispiele[47]

7.3.2.1 Datenmodelle

Datenmodelle von CAFM-Lösungen sind das Ergebnis eines Untersuchungsprozesses und bilden die invarianten Objektstrukturen des jeweiligen Unternehmens ab. Dem Leser erschließen sich die Facilities der Lösungen über den Explorerbaum, die Struktur der jeweiligen Facility aus den Merkmalen (Tabellennamen), den Registerkarten und den Tabellenspalten.

Entsprechend unserer Erfahrung, gibt es FM-Prozesse (Störungsmanagement, Arbeitsaufträge), die vergleichbar zwischen den verschiedenen Unternehmen sind, im Gegensatz zur Abbildung der Facilities und ihrer Merkmale. Diese invarianten Prozesse möchten wir nun im Prozessmodell der CAFM-Lösung darstellen.

7.3.2.2 Verantwortlichkeiten und Rollen

Eine Rolle[48] im CAFM bildet den Prozess ab, den ein FMr so durchzuführen hat, dass die Ziele des FM für seinen Verantwortungsbereich erreicht werden. Demzufolge muss ein Abteilungsleiter Technik eine unterscheidbare Rolle im CAFM gegenüber seinem Mitarbeiter Technik durch das System angeboten bekommen. In pit-FM wird dies durch

---

[46] In diesem Buch ist das Wort „Facility" weiblich.

[47] Die in diesem Abschnitt dargestellten Screenshots sind aus verschiedenen Praxisbeispielen entnommen.

[48] Der Begriff „Rolle" wird umfassender als der Begriff „Rechte" definiert (s. dazu Anlage Demo CD).

eine deutlich differenzierte Sicht auf die Daten (nach außen ersichtlich am Explorerbaum und den Registerkarten) und die zugehörigen Funktionen (Button oder zugehörige Registerkarten über Meldungen, Arbeitsaufträge usw.) dargestellt.

Am Beispiel soll der FMr als Verantwortlicher für die Immobilie und ihre Ausstattung nachfolgende Facilities unter der Fragestellung: „Welche Räume hat mein Objekt X in der Liegenschaft Y?", sehen (Abb. 7-12).

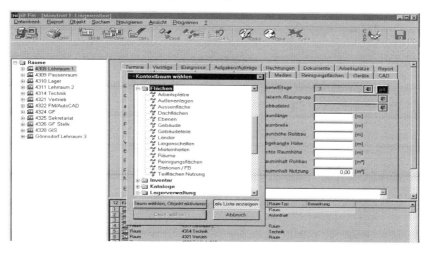

Abb. 7-13: Sicht mit Kontextbaum auf die Facility „Räume" in der Rolle des FMr

Zeigt die Bildschirmmaske (Screenshot) in Abb. 7-12 die Sicht der Anmeldung eines Nutzers mit vielen Rechten, so wird in der nachfolgenden Bildschirmmaske (Abb. 7-13) ein Nutzer, der nur für die PC-Technik im Unternehmen verantwortlich ist, dargestellt. Bei Anmeldung an der Applikation erhält er nur die abgebildete eingeschränkte Information zum Raum. Basis ist das gleiche Datenmodell, aber das Darstellungsmodell ist durch einstellbare Rollen (Nutzerprofile für Lesen, Schreiben, Löschen) verschieden.

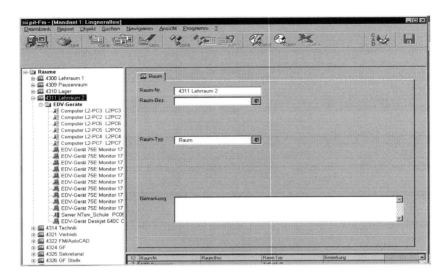

Abb. 7-14: Sicht mit Kontextbaum auf die Facility „Räume" in der Rolle des EDV-Geräteverantwortlichen

Die Definition der Rolle kann zur Einschränkung der

- angezeigten Klassen im Kontextbaum (s. Explorerbereich),
- der Anzeige der Karteikarten und
- einzelner Attribute bis hin zu deren Eigenschaften

für Nutzergruppen individuell erfolgen.

7.3.2.3   FM-Verwaltungsaufgaben

7.3.2.3.1   Verwaltungsaufgaben planbar

Unter planbaren Verwaltungsaufgaben verstehen wir ein im Unternehmen definiertes Berichtswesen, das wöchentlich, monatlich, quartalsweise oder jährlich für Dienstberatungen u.a. Controllingaufgaben erforderlich ist. Entweder der FMr arbeitet diese Berichte dem Controller zu oder der Controller kann über eine Rollendefinition in der CAFM-Lösung diese Berichte selbst erzeugen. Beispiele dafür sind aus dem nachfolgenden Berichtsausdruck ablesbar. Die Aufgabenstellung für den Bericht war: Anzeige aller aktuellen Verträge für die Immobilie X in der Liegenschaft Y.

Verträge

14.01.2002

Vertrags-Nr.	Vertragsart	Unternehmen	Vertragsende
V-02543287	Dienstleistungsvertrag	Blitzblank Gebäudereinigung	
V-02543286	Mietvertrag	Fa. Müller	
V-02543295	Mietvertrag	Commerz Bank	17.03.05
V-000001	Mietvertrag	Hausverwaltungs GmbH	11.01.03
V-000002	Mietvertrag	Hausverwaltungs GmbH	
V-000004	Kfz-Versicherung	Volkwagen AG	25.10.00
V-000006	Leasingvertrag	Hw-Mobilienleasing	31.10.00
V-000012	Mietvertrag	Klaus Richard	27.02.03
V-000013	Energieliefervertrag	Stadtwerke	11.01.03
V-000014	Gebäudeversicherung	Allianz Versicherungen	
V-000016	Dienstleistungsvertrag	Blitzblank Gebäudereinigung	
V-000018	Mietvertrag		
V-000019	VOB-Vertrag	Elektrogroßhandel Schwerin	

Abb. 7-15: Sicht auf Verträge, listenförmig, automatisch erstellt durch das Reportwerkzeug List&Label

Nicht trivial sind Berichte dann, wenn die Merkmale mehrerer Facilities miteinander verknüpft werden, Zwischensummen gebildet werden sollen usw. Für solche Berichte wird das Standard-Reporting-Tool „Crystal Reports" zur Verfügung gestellt. Diese Berichte werden bei pit-FM elegant in die Oberfläche eingebunden und zusätzlich als Datenobjekte im Explorerbaum übersichtlich dargestellt.

Im Beispiel wurden mit dem Unternehmen die aus der Abb. 7-15 ersichtlichen Reports erarbeitet.

Abb. 7-16: Auswahl der zur Verfügung stehenden komplexen Reports

Bei diesen Berichten wird in der Regel auf das Berichtslayout großer Wert gelegt. Dies beginnt beim Corporate Identity bis hin zur Fett- und Kursivschrift zur Hervorhebung von wesentlichen Daten des Berichtes.

Ein Beispiel für das Einbinden solcher Berichte ist in der Bildschirmmaske Abb. 7-16 zu erkennen.

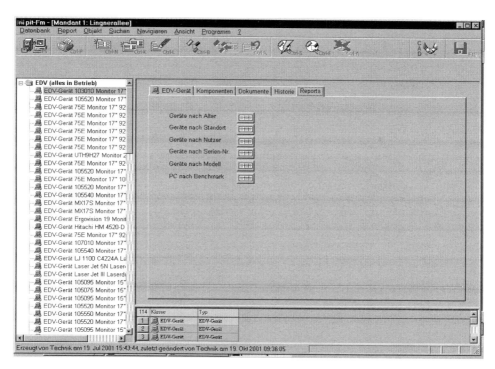

Abb. 7-17: Auswählbare Berichte, mit Crystal Reports konfiguriert

Solche Berichte sollten sich sehr leicht in übergeordnete oder andere zugehörige Geschäftsprozesse integrieren lassen (Bericht als Excel-Datei, als HTML-Dokument, als Email usw. verfügbar machen). Diese Funktionalität wird in dem CAFM-Tool im Prozessmodell in leicht verständlicher Weise zur Verfügung gestellt. Es werden durch die objektorientierte Modellierung genau die Prozesse zur Verfügung gestellt, die auch zusammengehören.

7.3.2.3.2 Verwaltungsaufgaben Ad-hoc

Ad-hoc-Berichte kommen in der Regel aus Fragestellungen des übergeordneten Managements. Diese Berichte müssen durch die verschiedensten Sichten auf den Datenbestand und daraus ableitbare Zusammenfassungen (Berichte) in kürzester Zeit möglich sein (möglichst auf „Knopfdruck").

Hierzu bietet das CAFM-Tool vier verschiedene Methoden an, Sichten auf den Datenbestand zu gewinnen. Die Methoden können auch gemischt genutzt werden:

a) durch Auswahl der Facilities (Navigation über die explorerartige Darstellung im linken Bereich des pit-FM), um sich z.B. die Anzahl und Lage der Objekte sofort anzeigen zu lassen

b) durch Analyse der Beziehungen zwischen den Facilities (durch Öffnen der Kontextbaumknoten „+"), um sich z.B. einen Zähler im Kontext der Liegenschaft, des Gebäudes, des Raumes, in dem er installiert ist, der Anlage, zu der er gehört, eines Gerätes, dessen Verbrauch er zählt, und/ oder als selbständige Klasse (Liste aller Zähler) darstellen zu lassen.

c) durch verschiedene Filtertechniken (Einschränkung der Facilities und ihrer Eigenschaften nach Suchkriterien)

d) durch Auswahl und Anordnung der Merkmale (Attribute) der Facility durch Anpassen des Tabellenbereiches, um sich z.B. ad-hoc die Liste aller offenen Arbeitsaufträge zum Objekt x ausgeben zu lassen.

Beispiele dafür möchten wir mit verschiedenen Bildschirmmasken verdeutlichen.

Fall a) Auswahl der Sicht auf alle Facilities

Diese Auswahl ist dann notwendig, wenn z.B. eine Fragestellung zur Anzahl oder Lage von Heizkörpern aktuell anliegt (s Abb. 7-17).

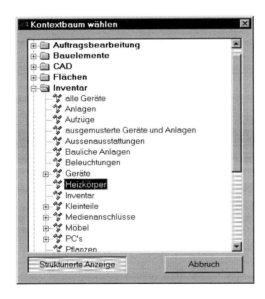

Abb. 7-18: Auswahl der Facilities

Fall b) Sichten auf Zusammenhänge zwischen den Facilities

Diese Sicht auf die Daten kann man sich sinnbildlich veranschaulichen, indem man die Datenbank und deren Daten als einen durchsichtigen, kristallinen Würfel (Datenbank ist das Gerüst, die Daten die Knoteninhalte) betrachtet. Sichten zeigen die Daten in ihrem Zusammenhang immer von einer Ebene des Würfels.

Beispiele lassen sich unendlich viele aufführen. Nehmen wir aus unserem Demobeispiel die Sicht der Liegenschaft.

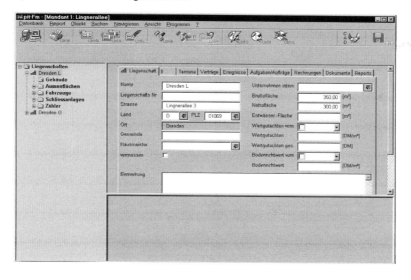

Abb. 7-19: Sicht auf die Facility Liegenschaft

Wählt man den Kontext an (der Würfel wird von der Sicht „Raum" auf die Sicht „Liegenschaft" gedreht), erscheint die in Abb. 7-19 gezeigte Ansicht.

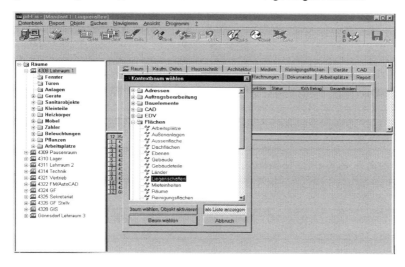

Abb. 7-20: Sicht von der Liegenschaft auf die Gebäude

Es ist möglich, über die Explorerstruktur in weitere Schichten des Würfels aus der Sicht der Liegenschaft hineinzusehen. Öffnen wir z.B. die Sicht „Gebäude". Nun kann man das Gebäude im Kontext der technischen Einrichtungen, wie z.B. Aufzüge, analysieren.

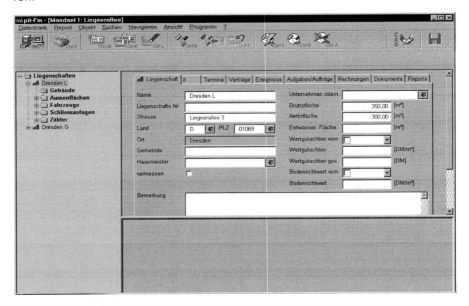

Abb. 7-21: Sicht von der Liegenschaft über das Gebäude in die Räume

Zum Zeitpunkt des Screenshot ist der Kontextbaum „Räume"[49] ausgewählt. Durch Wahl der Funktion „Kontextbaum wählen" wird ein Fenster geöffnet, welches es dem Nutzer ermöglicht, eine völlig andere Sicht auf den Datenbestand zu wählen (z.B. unter dem Oberbegriff „Flächen" könnte nun die spezielle Sicht auf Räume als „Mieteinheiten" gewählt werden).

---

[49] Die Nomenklatur (Bezeichnungssystematik) des Kontextbaumes ist an die Firma anpassbar.

Fall c) Sichten auf Daten durch Filter

Filter haben das Ziel, die sichtbaren Objekte der ausgewählten Klasse nach gewählten Kriterien zusammen darzustellen.

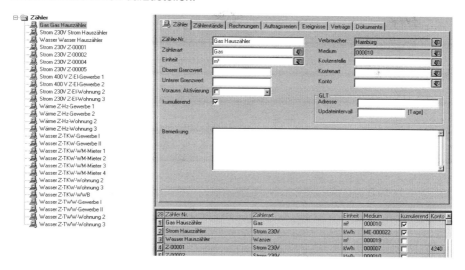

Abb. 7-22: Sichten auf alle Zähler

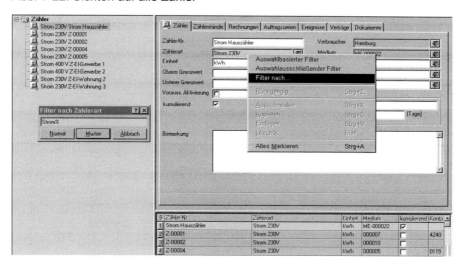

Abb. 7-23: Sichten auf alle Zähler gefiltert nach „Strom" im Attribut Zählerart

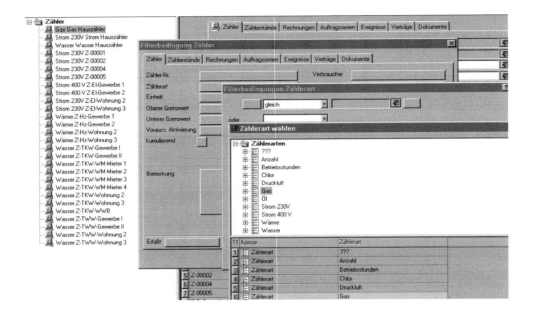

Abb. 7-24: Sichten auf Zähler durch Filterwerkzeug zum Setzen von komplexen Filterbedingungen mit analoger Oberfläche zu Karteikarten

Fall d) Erzeugung von Tabellen aus der Sicht von Ad-hoc-Informationsbedarf

Bevor wir zur Ergebnisdarstellung kommen, soll kurz der Prozess zur Variation des Layouts einer Tabelle dargestellt werden. Listen, die verdichtete Tabellensichten sind, werden in der Regel durch hierarchische Strukturierung der Attribute erreicht. Dem berechtigten Nutzer (z.B. Administrator) werden dazu die Tabellen und Attribute für die Anordnung auf einem Drucklayout angeboten (s. Abb. 7-24).

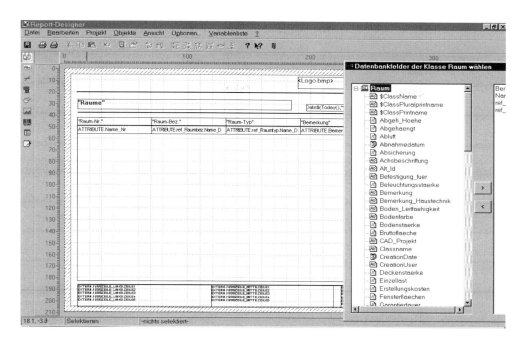

Abb. 7-25: Berichte können leicht konfiguriert werden

Das Ergebnis kann z.B. eine einfache Liste aller Räume und deren Nutzungsart sein. Dieses Ergebnis kann man im Tool entweder als Druckliste sofort auf dem angeschlossenen Drucker ausgeben oder als rtf-Datei speichern oder als HTML-Dokument oder wie im folgenden als Metafile usw.(s. Abb. 7-25).

CAD-Systemhaus
Dr. Joachim Oelschlegel

Räume Seite 1
Dresden, den 30.12.2001

Raum-Nr.	Raum-Bez.	Raum-Typ	Bemerkung
4308 Lehrraum 1		Lehrraum	
4309 Pausenraum		Aufenthalt	
4310 Lager		Lager	
4311 Lehrraum 2		Lehrraum	
4314 Technik		Arbeitsraum	
4321 Vertrieb		Arbeitsraum	
4322 FM/AutoCAD		Arbeitsraum	
4324 GF		Arbeitsraum	
4325 Sekretariat		Arbeitsraum	
4326 GF Stellv.		Arbeitsraum	
4328 GIS		Arbeitsraum	
Gönnsdorf Lehrraum 3		Lehrraum	

CAD Systemhaus Dr. Joachim Oelschlegel e.K.
Lingnerallee 3
01069 Dresden
Tel: 0351-49704-0
Fax: 0351-49704-71

webmaster@cad-systemhaus.de
www.cad-systemhaus.de
GF.: Dr. Joachim Oelschlegel

Abb. 7-26: Ergebnisdruck entsprechend Berichtskonfiguration

Mit dieser Vielfalt an Berichts-Ausgabemedien kann die Kommunikation auf allen Ebenen effektiv gestaltet werden und auch ein Intranet aktuell gehalten werden.

7.3.2.4 FM-Prozesse

Im CAFM-Tool pit-FM werden die Begriffe „Ereignis“ und „Arbeitsauftrag„ klar unterschieden. Definierte Ereignisse lösen definierte Prozesse aus. In pit-FM stehen Arbeitsaufträge immer im Kontext mit möglichen Ereignissen.

Arbeitsaufträge verursachen Kosten, die wiederum zu verbuchen sind und damit Informationen für Controllingprozesse liefern.

7.3.2.4.1 Ereignisse

Im System werden aus der Sicht der Planbarkeit zwei Arten von Ereignissen unterschieden:

- unvorhersehbare Ereignisse (Störungen, Umzug,...) und
- planbare Ereignisse.

Unter der Sicht der Wiederholung werden

- einmalige Ereignisse (Störungen, Umzug,...) und
- periodische Ereignisse

unterschieden.

Einmalige Ereignisse können Aufträge auslösen. Periodische Ereignisse lösen Auftragsserien aus (s. auch 7.3.2.4.2.).

Ereignisse können abhängig von einem Facilitytyp sein (z.B. Wartungszyklen eines Gerätes) oder an eine Facility gebunden sein, wie z.B. Störmeldungen, Verbrauchsmeldungen, Bedarfsmeldungen eines Gerätes usw.

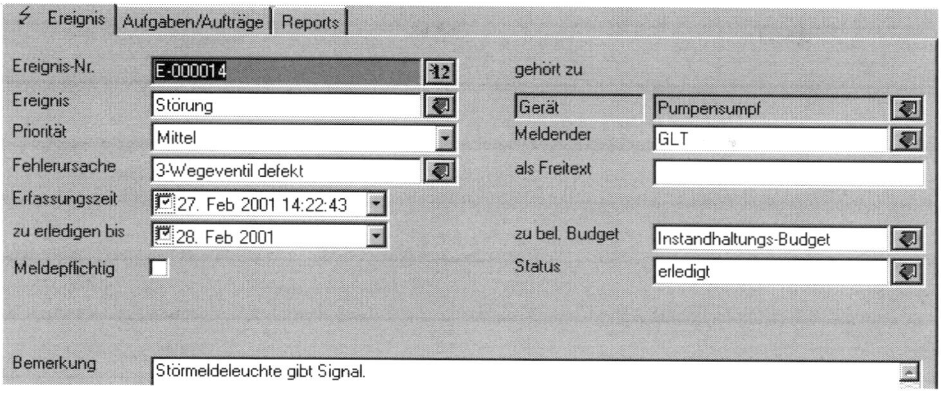

Ereignis	Aufgaben/Aufträge	Reports		
Ereignis-Nr.	E-000014		gehört zu	
Ereignis	Störung		Gerät	Pumpensumpf
Priorität	Mittel		Meldender	GLT
Fehlerursache	3-Wegeventil defekt		als Freitext	
Erfassungszeit	27. Feb 2001 14:22:43			
zu erledigen bis	28. Feb 2001		zu bel. Budget	Instandhaltungs-Budget
Meldepflichtig			Status	erledigt
Bemerkung	Störmeldeleuchte gibt Signal.			

Abb. 7-27: Erfassung einer Störmeldung

Die Ereignisse können (automatisch durchnummeriert) zum Zeitpunkt x am PC erfasst werden (dokumentiert entsprechend PC-Zeit). Das Ereignis selbst wird entweder verbal frei formuliert beschrieben oder aus einer Auswahlliste erfasst. Die gleichen Erfassungsmöglichkeiten werden zur Fehlerursache geboten. Die Meldepflicht ist festzulegen (kann automatisch mit dem Ereignis gekoppelt werden), und der Termin der Erledigung ist aus einem Kalenderfeld der Bildschirmmaske auszuwählen. Der Status des Ereignisses wird erst nach seiner Erledigung (Erledigung aller dazu ausgelösten Aufträge) auf „erledigt" gesetzt.

Dieses Vorgehen zwingt zu einer Systematik (positive Seite), und der Aufwand, der zweifelsohne notwendig ist (negative Seite), kann nur durch im Consulting erarbeitete Regelwerke reduziert werden (abgebildet in sogenannten Constraints – die Ausprägung eines Attributes führt zwangsläufig zu einer Ausprägung eines anderen Attributes, wodurch ein Ereignis angestoßen wird).

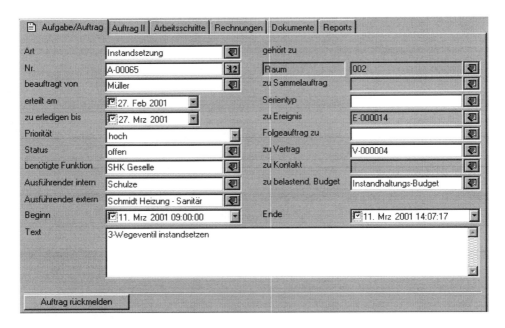

Abb. 7-28: Ereignis, das einen pit-FM-Arbeitsauftrag auslöst

Wir möchten an dieser Stelle nochmals erwähnen, dass hier ein umfangreiches Daten-, Prozess- und Funktionsmodell vorliegt. Für kleinere Unternehmen kann diese Maske auf ganz wenige Datenattribute (Merkmale) reduziert werden.

7.3.2.4.2 Arbeitsaufträge

Arbeitsaufträge basieren auf Arbeitsvorschriften. In unserem Beispiel sind diese Arbeitsvorschriften an Facilitytypen gebunden worden. Aus der Abbildung Abb. 7-28 ist dies nach Kategorien, wie Aufzüge, Geräte nach VDMA, Kältetechnik usw., gegliedert.

Arbeitsaufträge resultieren aus einmaligen Ereignissen (s. Abb. 7-29) oder aus sich wiederholenden Ereignissen (Auftragsserien s. Abb. 7-30).

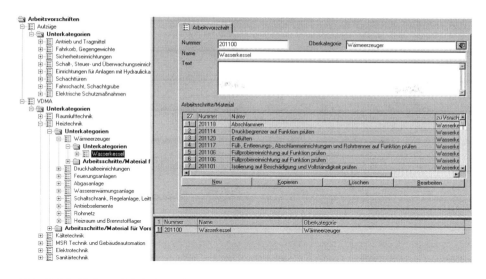

Abb. 7-29: Sicht auf Arbeitsaufträge zur ausgewählten Facility und zugehöriger Arbeitsvorschrift

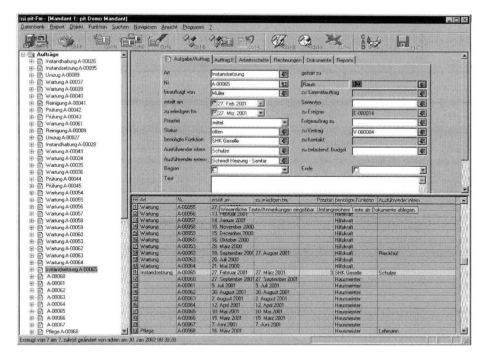

Abb. 7-30: Arbeitsauftrag zu einmaligem Ereignis

Arbeitsaufträge richten sich an Personen und Personengruppen.

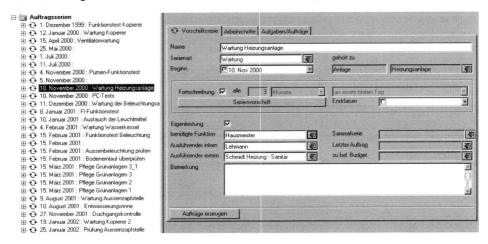

Abb. 7-31: Auswahl eines Arbeitsauftrages aus einem Serienereignis

Nach der Auswahl des Arbeitsauftrages kann dann ein nachfolgendes Dokument generiert werden (als Druck, als Mail, als HTML-Dokument usw.) und den eigentlichen Arbeitsprozess auslösen. Diese Aufträge werden dann über Auftragsnummer und Kostenstelle mit dem ERP-System (z.B. SAP) gekoppelt.

7.3.2.4.3 Darstellung eines TGM-Prozesses [50]

Das Beispiel „defekter Wasserhahn in einer Toilette" könnte in einem öffentlichen Gebäude ein einfacher, aber typischer FM-Prozess sein. Ausgehend von der Störmeldung über alle notwendigen Arbeitsschritte sowie der Fertigmeldung des Vorganges, wird das Zusammenspiel von Mensch und CAFM-Lösung simuliert. Die Arbeitsabläufe für solche Prozesse sind zwar in vielen Unternehmen prinzipiell gleich, werden aber oft vollkommen unterschiedlich bezeichnet. Das liegt zum einen an der unterschiedlichen Arbeitsorganisation, Verteilung von Kompetenzen, Qualifikation und Ressourcen.

Wir gehen dabei von nachfolgenden Rahmenbedingungen aus:

- Das Unternehmen hat eine Liegenschaft mit mehreren Gebäuden, darunter öffentlich zugängliche.
- Die gesamte Technik wird von einer Abteilung, die in mehrere Gruppen unterteilt ist, betreut. Der Facilitymanager ist ein durch den Abteilungsleiter Technik beauftragter Gruppenleiter.
- Es existiert ein Ersatzteil/Kleinteilelager im Unternehmen.

---

[50] Weitere Beispiele für FM-Prozesse enthält die CD.

- Ein Teil der Dienstleistungen wird durch externe Serviceunternehmen durchgeführt.
- Die CAFM-Lösung heißt „TBS-Technisches BetriebsinformationsSystem".
- Es existieren mehrere CAFM-Arbeitsplätze, verteilt auf die Technikgruppen und die Technikzentrale und „normale" PC-Arbeitsplätze mit einem WEB-Störmeldetool.

Bei diesen Rahmenbedingungen werden nachfolgende Arbeitsschritte ausgeführt:

1. Meldung von Person X zum Zeitpunkt Z an den Portier oder eine andere Person des Unternehmens

2. Telefonische Meldung oder E-Mail an den 24-Stunden-Bereitschaftsdienst der FM-Firma über „defekter Wasserhahn in Toilette Y, Etage N des Gebäudes" oder, wie hier, die sofortige Erfassung der Störung über Webzugriff an einem „normalen" PC im Netz. Nach dem Abschicken dieser Meldung über das pit-FM WEB-Störmeldetool ist die Störung im TBS bereits erfasst.

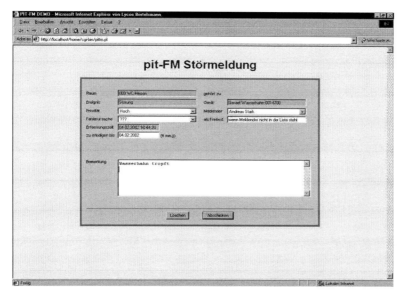

Abb. 7-32: Web-Störmeldung

Alternativ: Erfassung der Störmeldung durch den FMr im CAFM; Vergabe der Dringlichkeit (Priorität) und des Termins und weiterer betriebsspezifischer Daten (z.B. meldepflichtig...); öffnen eines Vorgangs mit folgender Auftragsvergabe.

Wurde die Störung noch nicht im CAFM über den Webzugriff erfasst, kann z.B. die folgende Maske im CAFM zur Erfassung dienen: Dazu kann der Nutzer sich durch die Liegenschafts-, Gebäude-, Etagen- und Raumstruktur navigieren und das Ereignis „Störung" am bekannten Raum „009 WC-Herren" hinterlegen.

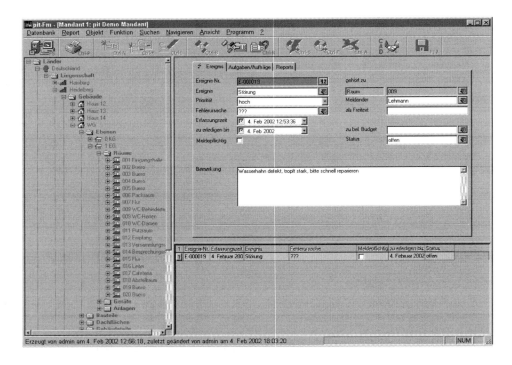

Abb. 7-33: Alternative Erfassung

3. Nach der Bewertung der Störung kann es zur Auslösung eines Auftrages oder mehrerer Aufträge kommen. Die Zuordnung der Aufträge und der in deren Folge entstandenen Kosten zu dem ursächlichen Ereignis ist später immer möglich und damit für Analysen nutzbar. Bei der Auftragsvergabe kommt es auf die Ressourcen des Unternehmens an, ob der Auftrag an externe Dienstleister (hier z.B. Sanitärfirma) vergeben wird und nur ein interner Ansprechpartner für diesen definiert wird oder ob eigene Kapazitäten (Hausmeister, Klempner) zur Behebung der Störung genutzt werden können. Wird extern vergeben, könnte das sinnvoller Weise auch dem bestehenden Dienstleistungsvertrag der Heizungs-Sanitärfirma zugeordnet werden.

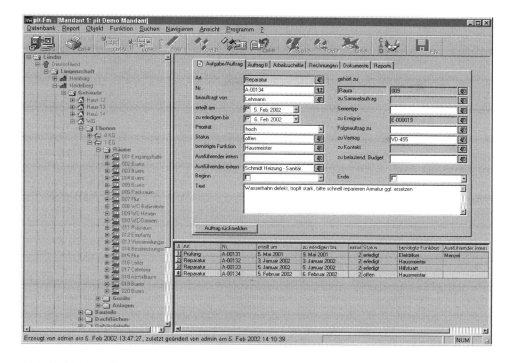

Abb. 7-34: Erstellung des Auftrages A-00134 zum Ereignis E-000019

Sind für bestimmte Tätigkeiten bestimmte Arbeitsschritte und/oder Materialien definiert, so kann dies auch in Form einer Arbeitsvorschrift hinterlegt werden, die pro Auftrag noch modifiziert werden kann (hier zusätzlich „Austausch Armatur + Dichtung").

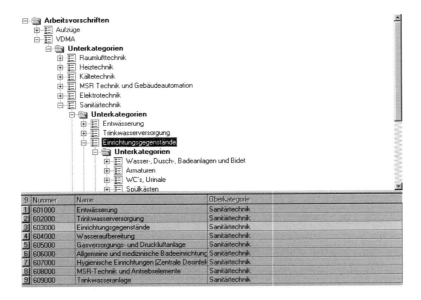

Abb. 7-35: Auswahl aus vorhanden Arbeitsvorschriften

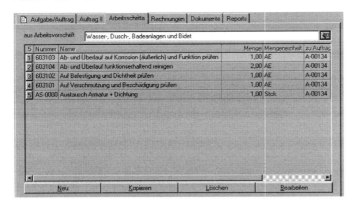

Abb. 7-36: Modifizierung der Arbeitsvorschrift für diesen Auftrag

4. Der Auftrag geht per e-Mail an den Dienstleister (hier Schmidt Heizung – Sanitär) und an den intern zur Betreuung des Auftrags benannten Mitarbeiter (hier Hausmeister). Die Form des Auftrags kann aus einem Vorrat an vordefinierten Auftragsformularen (anpassbar) gewählt werden.

Dienststelle	Ort, Datum	
pit-cup GmbH		05.02.02
	Anschrift	
	Hebelstr 22c, 69115 Heidelberg	
	Zuständiger Bearbeiter	
Schmidt Heizung - Sanitär		Herr Lehmann
	Fernsprecher	Telefax
69115 Heidelberg	06221-5393-0	06221-5393-11
Lindenstr.13	Geschäftszeichen	
		HL
	Vergabe-Nr.	
		A-00134
	Umsatzsteuer-Identifikationsnummer des Auftraggebers	D
	Umsatzsteuer-Identifikationsnummer des Auftragnehmers	D

AUFTRAG
- Zum Verbleib beim Auftragnehmer -

Betrifft: Lieferung/Leistung von   Reparatur (Raum: 009)

Bezug: Angebot vom 05.02.02

Anlage(n):

Sehr geehrte Damen und Herren!

Hiermit wird Ihnen der Auftrag für die nachstehend bezeichnete Lieferung/Leistung zu den auf der Rückseite angegebenen Vertragsbedingungen sowie zu den Allgemeinen Bedingungen für die Ausführung von Leistungen (VOL Teil B) erteilt.

Sie werden gebeten, diesen Auftrag unter Verwendung der anliegenden Durchschrift dieses Auftragsschreibens innerhalb von 10 Tagen zu bestätigen; als Bestätigung gilt auch die Lieferung in dieser Frist.

Lfd. Nr.	Bezeichnung des Gegenstandes bzw. der Leistung - ggf. auf besonderer Anlage -	Menge und Einheit
603101	Auf Verschmutzung und Beschädigung prüfen	1,00 AE
603102	Auf Befestigung und Dichtheit prüfen	1,00 AE
603103	Ab- und Überlauf auf Korrosion (äußerlich) und Funktion prüfen	1,00 AE
603104	Ab- und Überlauf funktionserhaltend reinigen	2,00 AE
AS-000C	Austausch Armatur + Dichtung	1,00 Stck

Mit freundlichen Grüßen
Im Auftrag

Lehmann

VOL 11 - Kleinauftrag (Auftragnehmer)

Abb. 7-37: Ausgelöster Auftrag in Schriftform nach VOL

5. Wird für die Reparatur Material benötigt, kann sich der Mitarbeiter über den Typ der defekten Armatur (Wasserhahn) im CAFM informieren und ob die Armatur im Kleinteile-/Ersatzteillager noch vorhanden ist.

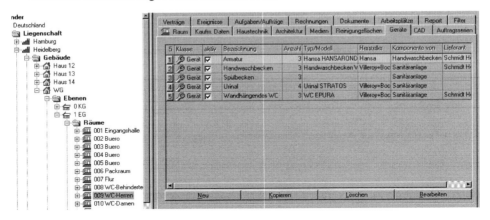

Abb. 7-38: Geräte im Raum 009

Abb. 7-39: Artikelbeschreibung

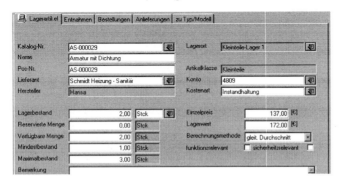

Abb. 7-40: Information über Lagerbestand

6. Wasserhahn wird aus „Kleinteile-Lager 1" ausgebucht; dabei erhält der Techniker den Arbeitsauftrag zur Reparatur in schriftlicher Form.

7. Ausführung der Reparatur

8. Fertigmeldung des Bearbeiters (hier Hausmeister) im TBS an FMr.

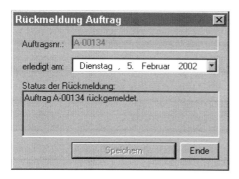

Abb. 7-41: Rückmeldung der erledigten Auftrages im TBS

Wurde der Auftrag im TBS damit als „erledigt" gespeichert und liegen zur verursachenden Störung keine weiteren offenen Arbeitsaufgaben vor, so kann dieses Ereignis „Störung" auch als „erledigt" gespeichert werden.

10. Je nach unternehmensspezifischer Arbeitsweise können weitere Daten zum Arbeitsauftrag erfasst werden:

- die benötigte Arbeitszeit
- und/oder die aufgelaufenen Kosten, die bei der „Sachlich-Richtig-Prüfung" der Rechnung des externen Dienstleisters zu diesem Auftrag erfasst werden
- die Zuordnung zur Kostenstelle und zum Kostenträger

Was mit der Folge der Bildschirmmasken nicht dargestellt werden kann, ist die Prozessführung des Nutzers durch die CAFM-Lösung. Neben der zwangsweisen Führung, die ganz stark durch den objektorientierten Programmentwurf unterstützt wird, bleiben eine Reihe von Freiheitsgrade erhalten, die nur durch den „wissenden" Nutzer sinnvoll umgesetzt werden können. Das „Hilfsmittel" darf nur bedingt zum „Zwangsmittel" werden; es ersetzt damit nicht den Fach- und Sachverstand.

7.3.2.5 Datenerfassung

Die Datenerfassung ist einer der am sorgsamsten zu planenden Prozesse bei der Systemprojektierung. Dieser Prozess beeinflusst den Umfang, die Aktualität und die Korrektheit der Daten. Die Daten, als *das* „Kapital", bestimmen den Haupt-Faktor einer CAFM-Lösung – *die Nutzerakzeptanz*.

Hauptüberlegungen sollten sein:

- so wenig wie möglich Daten erfassen (nur das notwendigste!),
- genau definieren wer, wo und wie die Daten einzugeben und zu pflegen sind,
- so wenig wie möglich freien Text eingeben; möglichst oft aus Listen (Kataloge) Objekte auswählen lassen und
- aus CAD-Zeichnungen möglichst viele Daten übernehmen (z.B. Raumfläche; Raumhöhe, Kostenstelle, Nutzungsart, Raumtemperatur usw.).

Im Beispiel (Abb. 7-41) wurde der Kontextbaum „EDV-Geräte" ausgewählt und zum Attribut „Hersteller" wird aus dem hinterlegten Unternehmen-Katalog (Symbol „↗" am Feldnamen erkennbar) der Herstellername ausgewählt.

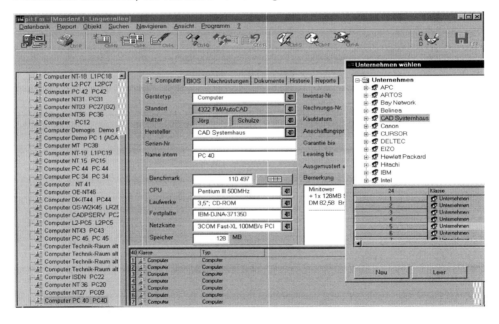

Abb. 7-42: Datenerfassung mit Auswahl aus einem Katalogfeld

Die Kataloge können nur durch berechtigte Personen erweitert werden. Diese Möglichkeit der Datenerfassung vermeidet nicht nur unbeabsichtigte Synonyme (verschiedene Namen für die gleiche Facility (z.B. Tür, Tuer, Türen, Tueren...), sondern spart neben Erfassungsarbeit auch noch Speicherplatz und liefert die Basis für effektive Geschwindigkeit bei der Nutzung der Datenbank auch mit Tausenden von Facilities.

Wir haben bewusst den aufwändigsten und teuersten Prozess an das Ende der Darstellung der CAFM-Lösung gestellt. Damit sollte auch die Entwurfsmethode, die dem Beispiel zugrunde liegt, nochmals demonstriert werden:

- Ausgehend von den Top-Verwaltungsprozessen des Unternehmens sind die relevanten Facilities definiert und nur die tatsächlich notwendigen Merkmale im Datenmodell abgebildet worden.
- Prozesse werden, ausgehend von Basisdefinitionen, schrittweise in die Lösung eingepflegt.

Dieses Vorgehen zwingt zu einem jahrelangen Prozess, der auch nur dann erfolgreich bleibt, wenn das Datenmodell nicht uferlos erweitert wird und die Funktionsvielfalt der Softwarelösung nicht zu Geheimnisträgern im Unternehmen führt.

Abbildungsverzeichnis

Abb. 1-1: Die strategische und die operative Ebene von FM	3
Abb. 1-2: Zieltransformation CREM – FM – GM	4
Abb. 1-3: Einflussparameter auf die Gestaltung moderner Gebäude	7
Abb. 1-4: mögliche Schnittstellen von CAFM	11
Abb. 2-1: Die Stellung des FMr im FM-Prozess	17
Abb. 2-2: FM als Regelkreis	18
Abb. 3-1: Die Methode des TGM	24
Abb. 3-2: Beeinflussbarkeit der Kosten im Verlauf des Lebenszyklus	25
Abb. 3-3: Konventionelle serielle Planung	25
Abb. 3-4: FM-gerechter Planungsprozess	27
Abb. 3-5: Kostensenkungsansatz des TGM	33
Abb. 3-6: Zwei Aspekte von TGM	35
Abb. 3-7: FM-Prozess	37
Abb. 3-8: Interne Bewirtschaftung, Dienstleistungen neben dem Kerngeschäft	39
Abb. 3-9: Dienstleistungen durch das Tochterunternehmen	40
Abb. 3-10: Externe Dienstleistungen durch Fremdunternehmen	41
Abb. 3-12: Mögliche Schnittstellen zum Datenaustausch im Unternehmen	44
Abb. 3-13 Einführungsphasen Aspekt Zeit und Anzahl	47
Abb. 3-14: Einführungsphasen Aspekt Rahmenbedingungen/ Ergebnisse	48
Abb. 3-15: Verhältnis von Kompetenz und Verantwortung im FM	49
Abb. 4-1: Raumvariante 1	51
Abb. 4-2: Raumvariante 2	52
Abb. 4-3: Raumvariante 3	53
Abb. 4-4: Raumvariante 4 mit flexiblem Raumkonzept	54
Abb. 4-5: Raumvariante 5 mit flexiblem Raumkonzept	55
Abb. 4-6: Investitionen und Baunutzungskosten	56
Abb. 4-7: Spirale Gebäudeausstattung/ Energie- und Ressourcenverbrauch	57
Abb. 4-8: Informationskreislauf in der Gebäudeautomation.	61
Abb. 4-9: Raumautomation von Büroräumen	63

Abb. 4-10 Anforderungen an Gestaltung von Dokumentationen	64
Abb. 4-11 Beispiel aus einer Symbolbibliothek	65
Abb. 5-1: Einflussfaktoren auf den Wärmeverbrauch von Gebäuden	68
Abb. 5-2: Optimales Betreiben	69
Abb. 5-3: Anlagenoptimierung in einem Krankenhaus	70
Abb. 5-4: Monatsberichte	74
Abb. 5-5: Heizenergieverbrauch eines Schulgebäudes (Linke Achse: kWh/d, untere Achse: die einzelnen Wochentage)	75
Abb. 5-6: Zählerfernauslesung	78
Abb. 5-7: Auswertung spezifischer Daten in den Objekten	79
Abb. 5-8: Benchmarking in einem Krankenhaus	79
Abb. 5-9: Auswahl Zählerart	80
Abb. 5-10: Auswahl des Zählers	81
Abb. 5-11: Auswertung Zähler bis 230V über eine Zeitspanne X für ein Gebäude Y	81
Abb. 6-1: Datenbasis für Energieeinkauf und -controlling	84
Abb. 6-2: Informationen einer Pumpe	85
Abb. 6-3: Bedienerfreundliche Anordnung der Lüftungsgeräte	86
Abb. 6-4: Platzbedarf für Instandhaltung in der Kältetechnik	87
Abb. 6-5: Auszüge aus Positionen in Leistungsverzeichnissen verschiedener Gewerke	88
Abb. 6-6: Beispiel für den Prozess der Auftragsbearbeitung	90
Abb. 6-7: Bildschirmmaske eines CAFM über Arten der Verträge	91
Abb. 7-1: Beziehung Realität-Modell	94
Abb. 7-2: Dimensionen des Begriffes „Begriff"	98
Abb. 7-3: Dimensionen des Begriffes „Telefonnummer"	99
Abb. 7-4: Entity Relationship Model „Telefonnummer"	104
Abb. 7-5: Datenbankmodell „Telefonnummer"	104
Abb. 7-6: Datenerfassung Ortseinwahl	105
Abb. 7-7 Bildschirmmaske für Erfassung der Firma	105
Abb. 7-8: Datenerfassung Telefonnummer beim Mitarbeiter	106
Abb. 7-9: Beziehung Objekt- und Metainformation	107
Abb. 7-10: Bezeichnungsgraph Trinkwasser nach DIN 6779	110
Abb. 7-11: Pareto-Regel für Aufwand und Genauigkeit bei FM-Modellierung	113
Abb. 7-12: Oberfläche pit-FM	119

Abb. 7-13: Sicht mit Kontextbaum auf die Facility „Räume" in der Rolle des FMr 121

Abb. 7-14: Sicht mit Kontextbaum auf die Facility „Räume" in der Rolle des EDV-Geräteverantwortlichen 122

Abb. 7-15: Sicht auf Verträge, listenförmig, automatisch erstellt durch das Reportwerkzeug List&Label 123

Abb. 7-16: Auswahl der zur Verfügung stehenden komplexen Reports 124

Abb. 7-17: Auswählbare Berichte, mit Crystal Reports konfiguriert 125

Abb. 7-18: Auswahl der Facilities 126

Abb. 7-19: Sicht auf die Facility Liegenschaft 127

Abb. 7-20: Sicht von der Liegenschaft auf die Gebäude 127

Abb. 7-21: Sicht von der Liegenschaft über das Gebäude in die Räume 128

Abb. 7-22: Sichten auf alle Zähler 129

Abb. 7-23: Sichten auf alle Zähler gefiltert nach „Strom" im Attribut Zählerart 129

Abb. 7-24: Sichten auf Zähler durch Filterwerkzeug zum Setzen von komplexen Filterbedingungen mit analoger Oberfläche zu Karteikarten 130

Abb. 7-25: Berichte können leicht konfiguriert werden 131

Abb. 7-26: Ergebnisdruck entsprechend Berichtskonfiguration 132

Abb. 7-27: Erfassung einer Störmeldung 133

Abb. 7-28: Ereignis, das einen pit-FM-Arbeitsauftrag auslöst 134

Abb. 7-29: Sicht auf Arbeitsaufträge zur ausgewählten Facility und zugehöriger Arbeitsvorschrift 135

Abb. 7-30: Arbeitsauftrag zu einmaligem Ereignis 135

Abb. 7-31: Auswahl eines Arbeitsauftrages aus einem Serienereignis 136

Abb. 7-32: Web-Störmeldung 137

Abb. 7-33: Alternative Erfassung 138

Abb. 7-34: Erstellung des Auftrages A-00134 zum Ereignis E-000019 139

Abb. 7-35: Auswahl aus vorhanden Arbeitsvorschriften 140

Abb. 7-36: Modifizierung der Arbeitsvorschrift für diesen Auftrag 140

Abb. 7-37: Ausgelöster Auftrag in Schriftform nach VOL 141

Abb. 7-38: Geräte im Raum 009 142

Abb. 7-39: Artikelbeschreibung 142

Abb. 7-40: Information über Lagerbestand 142

Abb. 7-41: Rückmeldung der erledigten Auftrages im TBS 143

Abb. 7-42: Datenerfassung mit Auswahl aus einem Katalogfeld 144

Literaturverzeichnis

[BUCHHOLZ, 1997]	Technisches Gebäudemanagement im Betriebszentrum Cottbus-Madlow; Buchholz, S.; Höschele, V.; Der Facility Manager; 1/1997
[CANZLER, 1996]	Planung von digitaler Gebäudeautomation für die TGA, Canzler, B.; Höschele, V.; Rose, H.; Technik am Bau, 7/1996
[CREIS, 2001]	CREIS; Immobilien Benchmarking, Kennzahlen für das Corporate Real Estate- und Facility Management; Datenbasis 2000, München 2001
[CRN, 2001]	computer reseller news vom 31.05.01; S.22
[DANIELS, 1996]	Gebäudetechnik. Ein Leitfaden für Architekten und Ingenieure. Daniels, Klaus. R. Oldenbourg Verlag GmbH München. 1996
[GEFMA 624, 1999]	Zertifizierung von Bildungsmaßnahmen für den Fachwirt für FM nach GEFMA 620; GEFMA 624; 03/1999
[GRIMMER, 2000]	Facility Management-Einsatz in Unternehmen; Diplomarbeit 1999, TU Dresden
[HOAI, 2002]	Honoraranordnung für Architekten und Ingenieure. 2002.
[HÖSCHELE, 1994]	Liegenschaftsübergreifendes Gebäude- und Betriebsmanagement; Höschele, Viktor; Beratende Ingenieure 9/1994; Springer-VDI-Verlag
[HÖSCHELE, 1999]	„Viel-Zweck-Hoch-Haus", Gebäudeautomation im Eurotheum Frankfurt: „Ambitioniert"; Höschele, Viktor; Intelligente Architektur; Nr. 17, 05.1999
[HÖSCHELE, 2001]	Organisation und Planung von Facility Management Dienstleistungen; Höschele, Viktor; CCI – Clima Commerce International; 3/2001

[IDLER, 1992]	Das Stuttgarter Energie-Kontroll-System. IDLER, Albert und Obermiller. In: Wärmetechnik 3/92, S. 138 ff.
[INFO, 1998]	Netzinfrastrukturen und Anwendungen für die Informationsgesellschaft: Konferenzband zur INFO '98 in Potsdam hrsg. Von Dieter Pötschke und Mathias Weber – 1.Aufl. – Berlin: Wilke 1998
[INFO, 2000]	INFO 2000 in Potsdam, Unterlagen UVI
[KUHN, 2001]	Investitionen und Betriebskosten in der Gebäudetechnik; Kuhn, R.; Diplomarbeit an der Hochschule Mittweida (Sachsen), 09/2001
[MANDL, 2000]	Wissensmanagement: Informationszuwachs – Wissenschwund hrsg. von Heinz Mandl und Gabi Reinmann-Rothmeier. – München; Wien: Oldenborg 2000
[NÄVY, 2000]	Facility Management. Springer-Verlag Berlin Heidelberg 2000
[NETWORK, 2001]	NetworkWorld-E-Mail-Newsletter vom 01.06.2001
[PREUß, 2000]	Wartungs- und Instandhaltungsmanagement für ein Krankenhaus. Preuß, André. Arbeitsbericht der FWU Ingenieurbüro GmbH. Dresden 2000.
[SCHULTE, 2000]	Facilities Management. Schulte, Karl-Werner und Pierschke, Barbara. Immobilieninformationsverlag Rudolf Müller GmbH&Co.KG Köln 2000
[VDI 2067, 2000]	VDI 2067, Bl. 1, VDI-Gesellschaft Technische Gebäudeausrüstung 2000.
[VDI 3807, 1998]	VDI 3807, Bl. 2, VDI-Gesellschaft Technische Gebäudeausrüstung 1998.

Stichwortverzeichnis

A

Abbildung 9, 10, 16, 17, 23, 59, 87, 93, 96, 98, 99, 100, 109, 114, 128
Abstraktion 92, 93, 100, 104, 106, 108
Amortisationsrechnung 30
Anlage 22, 31, 62, 65, 67, 68, 73, 83, 112, 114, 120
Applikation Service Providing 15
Applikation Service Providing (ASP) 15
Arbeitsauftrag 93, 99, 105, 113, 126, 129, 137, 142
Arbeitsmittel 1, 9, 18, 90
Architektur 8, 33, 143
Auditierung 27
Auditleistungen 40
Audittermine 28
Aufwand 15, 20, 41, 42, 80, 98, 100, 105, 107, 108, 112, 127, 141

B

Behaglichkeit 7, 25, 48, 56, 66
Benchmarking 3, 76, 77, 141, 143
Betreibercontrolling 22, 67, 70, 71, 72, 73
Betreiberkonzept 38
Betreiberpflichten 22, 32, 80, 90
Betriebsdaten 108
Betriebsführung 1, 147

C

CAD und Gebäudeinformationssystem 12
CAFM-Lösung 9, 10, 12, 14, 27, 35, 45, 78, 84, 87, 92, 100, 108, 109, 111, 112, 114, 116, 130, 131, 137, 138, 139
CAFM-System 14, 45, 108, 109, 110, 111, 112, 137
Computer Aided Facility Management 1, 9, 10, 11, 12, 14, 19, 36, 41, 89, 94, 105, 107, 108, 110, 111, 114, 131, 136, 141, 147
Constraints 127
Consulter 1, 2, 20, 40, 92, 107, 110
Consulting 106, 108, 127, 147
Controlling 1, 3, 61, 70, 73, 74, 75
Crystal Report 117, 119, 142

D

Daten 9, 11, 12, 13, 14, 15, 28, 35, 41, 42, 44, 46, 59, 60, 61, 62, 72, 76, 77, 79, 95, 99, 100, 103, 104, 105, 108, 111, 113, 114, 118, 120, 123, 128, 131, 137, 138, 141
Datenbank 13, 14, 15, 41, 96, 103, 108, 109, 120, 139
Datenbestand 15, 28, 119, 122
Datenhaltung 15, 109
Dateninkonsistenzen 98

Dienstleistung 1, 3, 4, 8, 18, 19, 22, 27, 28, 38, 39, 40, 43, 44, 89, 108, 131, 140, 147
Dokumentation 3, 12, 36, 37, 62, 87
DXF-Daten 14

E

Einkauf 32, 80, 81, 82
Emissionen 6
Energie 1, 5, 16, 22, 28, 29, 32, 33, 35, 55, 56, 61, 64, 67, 71, 80, 81, 82, 140, 147
Energiecontrolling 18, 72, 74, 76
Entität 93, 96, 98, 99, 105

F

Facilities 1, 2, 13, 14, 15, 107, 108, 109, 111, 112, 113, 114, 115, 117, 119, 120, 139, 142, 144
Facility Computing 10, 12, 15, 106
Facility Manager 1, 2, 10, 13, 16, 17, 18, 19, 20, 21, 25, 78, 92, 105, 108, 111, 114, 115, 116, 131, 137, 140, 141, 143
Flächenmanagement 19
Flexibilität 7, 25, 54, 60
FM-Abteilung 17, 19
FM-Controlling 27
FM-Gesamtprozess 27, 36
FM-Geschäft 19
FM-Modelierung 107
FM-Projekt 42
FM-Prozess 2, 9, 10, 16, 19, 35, 36, 44, 45, 47, 105, 106, 110, 111, 112, 113, 114, 126, 130, 140
FM-Software 108, 109
FM-System 71
fraktale Fabrik 6
Funktionalität 7, 22, 25, 48, 100, 107, 111, 119

G

Gebäude 1, 4, 5, 6, 7, 8, 9, 10, 11, 12, 23, 28, 33, 38, 54, 55, 56, 57, 58, 60, 62, 64, 66, 68, 70, 72, 73, 76, 77, 78, 79, 84, 90, 108, 114, 121, 122, 130, 131, 140, 141, 142, 143
Gebäudeautomation 58, 59, 61, 75, 140, 143
Gebäudemanagement 1, 3, 4, 11, 12, 19, 20, 22, 25, 26, 28, 32, 33, 47, 66, 143, 147
Gebäudenutzer 48
Gebäudetechnik 22, 33, 57, 59, 64, 66, 67, 143, 144
GEFMA-Richtlinien 32
Gesamtkosten 8, 22, 25, 28, 30, 31, 32, 33, 48, 57, 58, 80
Gewährleistung 90

H

Hardware 9, 44, 108

I

Industrie Foundation Classes 14, 15
Information 6, 59, 74, 94, 104, 105, 107, 112, 114, 115, 136, 140, 142
Informationsmanagement 26, 92
Infrastruktur 1
Internet 6
IT-Bereiche 42
IT-Branche 8
IT-Konzepte 92
IT-Lösung 9, 10, 11, 41, 42, 43, 44, 45, 46, 92, 94, 107
IT-Lösungen 9, 11, 41, 92
IT-Manager 111
IT-Programm 96
IT-Projektant 92, 112
IT-Prozesse 26
IT-Prozessen 26
IT-Spezialisten 10, 107
IT-System 9, 41, 42, 45, 46, 92, 94, 108

K

Kapitalwertmethode 31
Know-how 100
Konzept 25
Kosten 1, 4, 8, 12, 14, 18, 20, 21, 24, 28, 29, 30, 31, 33, 35, 38, 39, 41, 54, 70, 71, 72, 81, 84, 90, 106, 110, 126, 132, 137, 140

L

Lastenheft 44, 45
Layer 14
Layout 41
Lebenszyklus 2, 7, 8, 12, 16, 17, 19, 23, 24, 25, 28, 54, 106, 109, 140
Leistungsverzeichnis 28, 81
Lösung 7, 9, 10, 12, 19, 30, 42, 95, 98, 101, 103, 108, 110, 112, 139

M

Marketing 3
Metadaten 15
Metainformation 104, 141
Metasprache 107
Modellierung 9, 35, 93, 98, 100, 103, 105, 106, 119
Modernisierung 5, 8, 83

N

Nachhaltigkeit 6, 7
Nutzen 9, 12, 20, 36, 110

O

Objekt 3, 10, 11, 26, 27, 72, 78, 83, 99, 104, 109, 113, 115, 120, 141
Ontologie 95, 97, 104
Optimierung 1, 8, 19, 44, 68, 75

P

Pareto-Regel 107, 141
Pflichtenheft 41, 44, 45

pit-FM 2, 10, 112, 113, 114, 117, 119, 126, 131, 141
Planung 1, 2, 3, 6, 8, 11, 12, 22, 23, 24, 27, 28, 33, 37, 43, 55, 140, 143, 147
Pragmatik 95
Proxy-Objekte 14
Prozess 4, 5, 6, 9, 10, 11, 13, 16, 37, 70, 80, 82, 86, 87, 88, 95, 99, 103, 105, 110, 111, 114, 124, 128, 138, 139, 141
Prozess-input 17
Prozess-outputs 17

Q

Qualitätsmanagement 3, 13, 34

R

Raumbuch 14, 106, 110
Redundanz 13, 41, 98, 109
Ressourcenrentabilität 7

S

Schnittstellen 43, 44, 45, 140
Screenshot 115, 122
Semantik 95, 97, 99
signifikant 31
Software 1, 3, 9, 10, 12, 15, 41, 43, 44, 89, 92, 95, 98, 100, 103, 105, 106, 108, 109, 112
Softwarelösung 99, 139
Spezifikation 81, 85
Strategie 1, 10, 11, 12, 18, 26, 62
Synstar 111
Syntax 95, 97, 99
System 14, 15, 44, 55, 60, 74, 94, 95, 110, 111, 114, 126, 147

T

Technisches Gebäudemanagement 1, 13, 23, 28, 31, 32, 33, 34, 35, 37, 44, 57, 61, 62, 66, 93, 140
Teleworking 6

U

Unternehmen 1, 2, 6, 8, 11, 12, 13, 17, 18, 19, 20, 27, 38, 39, 40, 41, 43, 46, 77, 91, 103, 105, 106, 111, 112, 114, 115, 116, 117, 128, 130, 139, 140, 143, 147

V

Verbrauch 29, 71, 72, 73, 74, 76, 77, 80, 120
Vergabe 28, 39, 40, 81, 131
Vertragsmanagement 44, 80, 89, 91

W

Wartungs- und Instandhaltungsmanagement 80, 82, 144
Wettbewerb 23, 27, 41
Work-flow-Verfahren 36

Z

Ziele 4, 12, 14, 22, 34, 37, 42, 45, 57, 106, 111, 114

Die Autoren

Prof. Dr.-Ing. Jörn Krimmling
FWU Ingenieurbüro GmbH/
Hochschule Zittau/ Görlitz (FH)
e-mail: fwu.dd@t-online.de

Prof. Jörn Krimmling ist seit 1990 gemeinsam mit einem Partner geschäftsführender Gesellschafter der FWU Ingenieurbüro GmbH. FWU ist ein Ingenieurunternehmen für Energie- und Versorgungstechnik mit Niederlassungen in Dresden, Leipzig und München. Neben der klassischen Planung beschäftigen sich die Ingenieure von FWU intensiv mit Aufgabenstellungen im Bereich Technisches Gebäudemanagement. Für eine Vielzahl von Kunden wurden Strategien zur Kostensenkung im technischen Gebäudebetrieb entwickelt und umgesetzt. 2001 wurde Prof. Krimmling für das Lehrgebiet Technisches Gebäudemanagement an die Hochschule Zittau/ Görlitz (FH) berufen.

Dr. Joachim Oelschlegel
CAD-Systemhaus Dr. Joachim Oelschlegel e.K.
e-mail: office@cad-systemhaus.de
www.cad-systemhaus.de

Dr. paed. Joachim Oelschlegel ist Inhaber der Firma CAD-Systemhaus Dr.Oelschlegel e.K. Das Unternehmen, 1990 gegründet, hat sich als CAD-Systemhaus auf zwei Bereiche spezialisiert: Geoinformationssysteme (GIS) auf Basis von MicroStation und CAFM auf Basis von AutoCAD. Die Dienstleistungen reichen über Consulting, Erstellung von Pflichtenheften bis zur System- und Anwenderbetreuung. FM-Projekte wurden in Industrieunternehmen und Krankenhäusern realisiert. Dr. Oelschlegel ist im Vorstand der Gesellschaft zur Förderung der Softwareindustrie in Sachen (GeSiS e.V.). Seine Promotion war auf dem Gebiet des Computergestützen Lernens und beschäftigte sich mit invarianten Tätigkeiten in der ingenieur-mathematischen Ausbildung.

Viktor Höschele
Canzler Ingenieure GmbH
e-mail: viktor-hoeschele@canzler.de

Viktor Höschele ist seit 1991 im Unternehmen tätig und seit 1998 für die Technische Leitung zuständig. In den letzten Jahren hat Canzler Ingenieure ca. 50 Wettbewerbe über Dienstleistungen für Banken und Kommunen durchgeführt. Mittlerweile ist das Unternehmen für die Betriebsführung von Immobilien mit Bewirtschaftungskosten von weit über 100 Mio. DM mitverantwortlich. Viktor Höschele ist Sprecher der GEFMA, Regionalkreis Sachsen seit 1997.

expert verlag
Erlesene Weiterbildung

Dipl.-Kfm. Wolfgang Wöhrmann

CAFM mit Visio

Realisation eines Gebäude-Informationssystems unter Visio und Access

2011, 269 S., CD-ROM, 69,00 €, 114,00 CHF
(Edition expertsoft, 85)
ISBN 978-3-8169-3031-0

Zum Buch:
CAFM und Gebäudeinformationssysteme sind aus dem modernen Gebäudemanagement nicht mehr wegzudenken, lassen sich doch mit ihnen Gebäudedaten erfassen, verwalten und grafisch darstellen.
In diesem Buch wird beschrieben, wie man mit den Grundlagen vertrauter Laie (Grundkenntnisse in CAD und Datenbanken sollten vorhanden sein) sich mit den Programmpaketen Visio und Access selbst ein Gebäudeinformationssystem erstellen kann, das leicht bedienbar, preiswert und nicht mit unnötigen Funktionen überfrachtet ist. Es werden alle wesentlichen Schritte – Datenerfassung, Entwurf der Datenbank, Entwurf der Möbel-, Geräte und Personen-Shapes (bildliche Darstellung in Visio) – erläutert. Darüber hinaus werden Softwaretools zur Auswertung und Verwaltung der Daten erläutert und erstellt.
Alle Zeichnungsdateien sind der Buch-CD im Format Visio 2002 und 2003 beigefügt, ebenso die Access-Datenbank und die wichtigsten Abbildungen als farbige jpg-Dateien.

Inhalt:
Einführung, Systemkomponenten – Der Import der Zeichnungsdaten nach Visio – Das Raum-Shape und der Entwurf der Datenbank – Das ShapeSheet von Visio – Das Visio-Objekt-Modell – Die Ablaufsteuerung mit VBA, Ereignisse im Detail – Die Komplettierung der Räume mit Validierung der Eingabe – Das Personen-Shape, die Möbel- und Geräte-Shapes – Die Gebäudedaten – Die Komplettierung der Datenbank und die Speicherung der Daten – Die Auswertung der Daten – Umzüge – Durchführung von Inventuren – Grafische Auswertung – Reparatur-, Prüfungs- und Optimierungs-Tools

Die Interessenten:
Ambitionierte Mitarbeiter aus den Bereichen Facility Management, Inventarverwaltung und/oder Umzugsmanagement, die sich zutrauen, auf der Grundlage dieses Leitfadens selbst ein Gebäudeinformationssystem zu erstellen, sowie deren Chefs, die sich einen ersten Eindruck über die Arbeitsweise und den Funktionsumfang derartiger Systeme machen wollen

Blätterbare Leseprobe und einfache Bestellung unter:
www.expertverlag.de/3031

Der Autor:
Dipl.-Kfm. Wolfgang Wöhrmann, langjähriges Mitglied der GEFMA (Deutsche Gesellschaft für Facility Management), ist Microsoft Visio Partner und seit über 15 Jahren als Berater, Trainer und in eigener Firma im Umfeld Bauapplikationen, CAD und Datenbanken tätig. Er berät bundesweit Firmen und Behörden bei der Realisation von Gebäudeinformationssystemen. Daneben arbeitet er als Lehrbeauftragter an der Fachhochschule Nürnberg und als Dozent für namhafte Bildungsträger im Bereich Facility Management mit Schwerpunkt Flächenmanagement, Datenbanken und CAFM.
Wolfgang-Woehrmann@t-online.de

Bestellhotline:
Tel: 07159 / 92 65-0 • Fax: -20
E-Mail: expert@expertverlag.de

Erlesene Weiterbildung®

Dr. Joachim Oelschlegel

CAFM – Computerunterstützung im Facility Management

Praktische Anleitung zur organisatorischen, technischen und kaufmännischen Einführung bzw. zum Ausbau von CAFM. Mit Datenbank zum Softwarevergleich

2010, 321 S., 191 Abb., CD-ROM mit Datenbank zu 64 CAFM-Produkten, ihren Funktionalitäten sowie Beziehungen zu ERT, CAD, DMS, AVA u.a. IT-Sparten, 74,00 €, 123,00 CHF
(Edition expertsoft, 83)
ISBN 978-3-8169-3002-0

Zum Buch:
CAFM zeichnet sich durch Komplexität und die unbedingte Notwendigkeit zur Integration in eine bestehende oder zu gestaltende IT-Welt eines Unternehmens aus. Darüber hinaus wird durch unterschiedlichste Betreiberkonzepte der Immobilien der Zugriff externer Unternehmen auf das CAFM immer wichtiger. Die Dynamik in diesem Bereich ist atemberaubend und kann nur durch wohlstrukturiertes und schrittweises Vorgehen beherrscht werden. Dazu leistet das Buch durch neuartige, methodisch begründete Überlegungen einen wichtigen Beitrag.
Der Leser kann an Hand der beiliegenden CD mittels einer Datenbank über 40 CAFM-Systeme vergleichen. Erstmalig sind Anwendungssoftware und Middleware in einem einheitlichen, komplexen Datenmodell transparent dargestellt. Damit kann die Vernetzung von CAFM mit CAD, DMS, ERP, CRM und anderen IT-Managementdisziplinen (z.Z. mehr als 300 Softwareprodukte) analysiert und erkannt werden. Zukünftig soll diese Softwaredatenbank unter www.diesoftwaredatenbank.de im Internet durch Hersteller gepflegt und für Nutzer zugänglich sein.

Inhalt:
Begrifflichkeit FM und CAFM und deren praktische Anwendung – Strategische Entscheidungen beim Softwarekauf – Zur Einführung von CAFM – Prozess-, Daten- und Schnittstellen-Modellierung – Informationsmöglichkeiten über CAFM-Produkte auf dem deutschen Markt – Erfahrungsberichte aus verschiedenen CAFM-Projekten – Entscheidungs- und Bewertungskriterien zu CAFM-Software, CAFM-Anbietern und CAFM-Projekten – Ergänzungen zur Begriffsbildung – Erläuterung und Darstellung der Begriffe zur Beschreibung von Software – Begriffsbestimmungen (Arbeitsdefinitionen) für Fachtermini aus den Gebieten Datenbanken, Programmierung, Softwaretechnologie und XML – Internetadressen

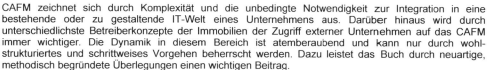

Blätterbare Leseprobe und einfache Bestellung unter: www.expertverlag.de/3002

Die Interessenten:
Bauherren und Betreiber, die sich für die Einführung bzw. Qualifizierung von Facility Management interessieren – Facility Manager – IT-Verantwortliche im Applikationsbereich – IT-Systemhäuser, die CAFM als Geschäftsfeld aufbauen wollen – Verwaltungsleiter in Unternehmen und Institutionen – Verantwortliche für Technik und/oder Flächen von Liegenschaften und Immobilien – Verantwortliche für Wartung und -Instandhaltung in den Bereichen Produktion und Service – Unternehmensberater – Studenten und Auszubildende entsprechender Fachrichtungen

Bestellhotline:
Tel: 07159 / 92 65-0 • Fax: -20
E-Mail: expert@expertverlag.de

Erlesene Weiterbildung®

Dipl.-Kfm. Wolfgang Wöhrmann

Flächenbewirtschaftung in Verwaltungs- und Bürogebäuden

2., überarb. u. erw. Auflage 2014, 182 S., 73 Abb., zahlr. Rechenschemata, 39,80 €, 64,50 CHF
(Reihe Technik)
ISBN 978-3-8169-3249-9

Zum Buch:
Dem Leser werden in einem durchgerechneten Beispiel fundierte Kenntnisse darüber vermittelt, wie im Vorfeld der Planung eines Verwaltungsgebäudes hinreichend genaue Aussagen über den voraussichtlichen Flächenbedarf gemacht und wie Büroarbeitsplätze optimal gestaltet werden können.

Die angewandten Methoden werden im Detail erläutert, ebenso die dazu notwendigen Gesetze, Verordnungen, DIN-Vorschriften und Richtlinien.

Ausgehend von einer Organisationsanalyse und den sich daraus ergebenden Arbeitsplatztypen wird der Gesamtflächenbedarf eines Verwaltungsgebäudes berechnet. Es wird gezeigt, welche Einsparungen sich durch Achsoptimierung und Standardisierung ergeben. Diese rein quantitativen Vorgaben werden schließlich auf der Grundlage standardisierter, auf statistischen Untersuchungen basierender Algorithmen auf ihre Kosten und Renditen hin untersucht.

Inhalt:
Konventionelle und neue Arbeitsplatztypen in Verwaltungsgebäuden – Flächennachweis nach DIN 277 (Grundflächen und Rauminhalte von Bauwerken im Hochbau) – Berechnung der Mietfläche nach gif (Gesellschaft für Immobilienwirtschaftliche Forschung) – Organisatorische Optimierungsansätze für Büroarbeitsplätze – Rechtliche Rahmenbedingungen für Büroarbeitsplätze (DIN 4543, Bildschirmarbeitsverordnung, Arbeitsstättenverordnung und -richtlinien) – Standardisierungsmöglichkeiten (Achsoptimierung, Büros mit einheitlicher Raumtiefe, der Standardraum) – Ermittlung der Kosten nach DIN 276 (Elementen- und Gewerkemethode) – Wirtschaftlichkeitsnachweis eines Verwaltungsgebäudes

Die Interessenten:
Generell: alle Personen, die für den Flächennachweis, die Wirtschaftlichkeit und die optimaler Gestaltung von Büroarbeitsplätzen zuständig sind
Speziell: Facility Manager, Objektmanager; Gebäudemanager – Mitarbeiter im kaufmännischen und technischen Gebäudemanagement mit Schwerpunkt Flächenmanagement – Mitarbeiter im Umzugsmanagement – Hausverwalter – Architekten, Techniker und Kaufleute aus der Immobilienwirtschaft

Blätterbare Leseprobe
und einfache Bestellung unter:
www.expertverlag.de/3249

Der Autor:
Dipl.-Kfm. Wolfgang Wöhrmann, langjähriges Mitglied der GEFMA (Deutsche Gesellschaft für Facility Management), ist Microsoft Visio Partner und seit über 15 Jahren als Berater, Trainer und in eigener Firma im Umfeld Bauapplikationen, CAD und Datenbanken tätig. Er berät bundesweit Firmen und Behörden bei der Realisation von Gebäudeinformationssystemen. Daneben arbeitet er als Lehrbeauftragter an der Fachhochschule Nürnberg und als Dozent für namhafte Bildungsträger im Bereich Facility Management mit Schwerpunkt Flächenmanagement, Datenbanken und CAFM.

Bestellhotline:
Tel: 07159 / 92 65-0 • Fax: -20
E-Mail: expert@expertverlag.de